Gesund essen

Cholesterin im Griff

100 NEUE LEICHTE GENUSS-REZEPTE

AUTOR: FRIEDRICH BOHLMANN
FOTOS: STUDIO L'EVEQUE

Inhalt

Hohe Cholesterinwerte –

wenn Blutfettwerte steigen

Mehr als die Hälfte der Bevölkerung in Deutschland und in den meisten Industrieländern lebt mit einem zu hohen Cholesterinspiegel – mit dramatischen Folgen: Herz-Kreislauf-Erkrankungen stehen bei den Todesursachen an erster Stelle.

Doch keine Angst, gegen einen hohen Cholesterinspiegel können Sie etwas tun. Mit der richtigen Ernährung schützen Sie Ihre Gefäße vor schädlichen Ablagerungen, und mit einem gesunden Lebensstil fördern Sie die Gesundheit von Herz und Kreislauf.

Dieser Ratgeber erläutert alle interessanten Aspekte rund um die Behandlung erhöhter Cholesterinwerte. Praxiserprobte Tipps und Hinweise für den Alltag sind dabei ebenso hilfreich wie einfache und leckere Rezepte. Sie machen Ihnen den Kampf gegen zu hohe Cholesterinwerte schmackhaft – und die Gesundheit wird zur Herzenssache.

Cholesterin – das böse und das gute

richtig interpretiert

Ohne Cholesterin läuft nichts

Cholesterin ist lebenswichtig. Ohne diese fettähnliche Substanz könnte der Körper weder stabile Zellwände aufbauen noch Geschlechtshormone bilden. Er könnte keine Gallensäure zum Fettabbau bereitstellen und kein Vitamin D erzeugen, um beispielsweise die Knochen zu stärken. Deshalb stellt der Körper das benötigte Cholesterin auch zum größten Teil selbst her: Mehr als zwei Drittel – 1 bis 2 Gramm täglich – produziert die Leber. Der Anteil, den wir über die Nahrung aufnehmen, ist vergleichsweise gering. Deswegen kommen wir auch gut ohne Cholesterin aus der Nahrung zurecht.

Cholesterin im Blut

Einsatzgebiet des Cholesterins sind die Körperzellen. Dorthin wird es übers Blut transportiert. Da Cholesterin fettlöslich ist, müsste es im wasserhaltigen Blut theoretisch wie Fett auf der Oberfläche schwimmen. Dann wären Transport und Zellversorgung allerdings problematisch. Doch die Natur hat vorgesorgt: Damit es sich gut im Blut lösen und von den Körperzellen problemlos aufgenommen werden kann, nutzt das Cholesterin bestimmte Trägersubstanzen. Diese wasserlöslichen Träger bindet es fest an sich und lässt sich so einfach mitschleppen. Die wichtigsten Cholesterin-Transporteure sind das HDL und das LDL (Kleines Cholesterinlexikon Seite 7).

LDL und HDL

LDL transportiert das Cholesterin zu den Organen. Schwimmt jedoch zu viel LDL-Cholesterin im Blut, setzt es sich leicht an den Gefäßwänden ab. Über längere Zeit verengen sich dadurch die Gefäße, und es bilden sich Stauungen. Die Gefäßwände werden stärker beansprucht, entzünden sich und verstopfen. Wenn so die Adern immer enger werden, spricht der Arzt von einer Arteriosklerose. Deren dramatischer Höhepunkt ist ein vollständiger Gefäßverschluss. Ein solcher Verschluss führt im Herzen zum Infarkt, im Gehirn zum Schlaganfall. Je höher der LDL-Wert im Blut, desto größer ist diese Gefahr!

➤ Warnsignale beachten!

Verengte Gefäße bleiben lange unentdeckt, weil sie nicht schmerzen. Umso ernster sollte man die ersten Symptome nehmen, die auf fortgeschrittene Ablagerungen hinweisen: stechende Brustschmerzen, stark schmerzende Beine beim Gehen oder Atemnot beim Treppensteigen. Leider treten 40 bis 50 Prozent der Herzinfarkte ohne Vorboten ein. Lassen Sie Ihre Cholesterinwerte deshalb regelmäßig vom Arzt überprüfen.

Das HDL, Gegenspieler des LDL, befördert das Cholesterin von den Organen fort und aus dem Blut in die Leber. Dort wird es verarbeitet und abgebaut. Dieser Abtransport des Cholesterins aus dem Blut senkt das Arteriosklerose-Risiko. Daher gilt HDL-Cholesterin als »gutes« Cholesterin. Je höher sein Wert im Blut ansteigt, umso besser ist es um die Gesundheit von Herz und Gefäßen bestellt.

Wünschenswerte Werte

Ihr Arzt kann beim Bluttest unterschiedliche Cholesterinwerte messen (siehe rechte Spalte). Vor der Blutabnahme sollten Sie 12 bis 14 Stunden nichts essen und sich 24 Stunden lang körperlich nicht übermäßig anstrengen. Liegen die Werte des Gesamtcholesterins unter 200 mg/dl (Milligramm pro Deziliter) – oder in den neuen Einheiten ausgedrückt unter 5,2 mmol/l (Millimol pro Liter) – sind sie im Normalbereich. Zusätzlich sollte dabei das LDL-Cholesterin einen Wert unter 160 mg/dl (4,2 mmol/l) und das HDL-Cholesterin mindestens 40 mg/dl (1 mmol/l) erreichen.
Diese Werte gelten nicht, wenn weitere Risikofaktoren für die Entstehung der Arteriosklerose vorliegen. Wer raucht, Übergewicht, hohen Blutdruck oder Diabetes hat, sollte einen LDL-Cholesterinwert von unter 130 mg/dl (3,4 mmol/l) erreichen. Und wer bereits einen Herzinfarkt hinter sich hat oder unter anderen Gefäßkrankheiten leidet, dem seien ein LDL-Wert von unter 100 mg/dl (2,6 mmol/l) und ein HDL-Wert von mindestens 40 mg/dl (1 mmol/l) dringend ans Herz gelegt.
Ebenfalls zu beachten sind die Triglyceride, also Blutfette aus reinem Fett. In größeren Mengen verdicken sie das Blut und erschweren so die Durchblutung feiner Gefäße. Die Triglyceridwerte werden ähnlich wie die Cholesterinwerte gemessen. Die wünschenswerten Normwerte für die Triglyceride liegen bei 200 mg/dl (2,3 mmol/l).

Weichen Ihre Werte stark von den offiziellen Empfehlungen ab, spricht der Arzt von einer Hypercholesterinämie.

➤ Kleines Cholesterinlexikon

➤ **Gesamt-Cholesterin,** oft einfach nur »Cholesterin« oder vom Arzt auch »Serum-Cholesterin« genannt, ist die Summe aus HDL, LDL und anderen Cholesterinarten. Serum-Cholesterin heißt es, weil es im Blutserum gemessen wird.

➤ **HDL** ist eine Transportsubstanz des Cholesterins. Es setzt sich aus Fett (Lipiden) und Eiweiß (Protein) zusammen und weist eine hohe Dichte auf (**h**igh **d**ensity **l**ipoprotein). Weil es Cholesterin von den Organen und aus dem Blut abtransportiert, gilt es als das »gute« Cholesterin.

➤ **IDL** ist eine Zwischenstufe beim Abbau des VLDL. Die Abkürzung steht für **i**ntermediate **d**ensity **l**ipoprotein.

➤ **LDL** ist eine weitere Transportsubstanz des Cholesterins. Ähnlich wie das HDL setzt es sich aus Fett und Eiweiß zusammen. Allerdings besitzt es im Gegensatz zum HDL eine geringe Dichte (**l**ow **d**ensity **l**ipoprotein). Weil es bei hoher Konzentration für Ablagerungen an den Gefäßen verantwortlich ist, gilt es als das »schlechte Cholesterin«.

➤ **VLDL** ist die dritte Transportsubstanz des Cholesterins aus Fett und Eiweiß. Allerdings weist es nur eine sehr geringe Dichte auf (**v**ery **l**ow **d**ensity **l**ipoprotein). Es transportiert das in der Leber gebildete Fett und Cholesterin ins Blut. Nach dem Absetzen der Fette zum Beispiel im Fettgewebe wird es in LDL umgewandelt.

Cholesterin im Griff – diese Fragen habe ich noch

Führt allein eine falsche Ernährung zu erhöhten Cholesterinwerten?

Meistens trägt eine falsche Ernährung die Verantwortung für ungesunde Blutfettwerte. In selteneren Fällen können diese auch vererbt sein, dann weisen oft schon schlanke Kinder drastisch erhöhte Blutfettwerte auf. Genetisch bedingte Cholesterinentgleisungen heißen im Ärztejargon »primäre Hypercholesterinämie«, ernährungsbedingte dagegen »sekundäre Hypercholesterinämie«.

Sind hohe Kalziumwerte für die Arterienverkalkung mitverantwortlich?

Eine Arterienverkalkung wird nicht durch zu viel Kalzium verursacht. »Kalk« setzt sich an den Gefäßwänden nur ab, wenn dort zuvor Cholesterinablagerungen Entzündungen ausgelöst haben. Eine kalziumreiche Ernährung mit Milch, Milchprodukten und Mineralwasser (mit über 150 mg Kalzium pro Liter) kann möglicherweise sogar den Blutdruck senken – und somit Herz und Gefäße schonen.

Wie kommt es zu Thrombosen und Embolien?

Bei einer Thrombose bilden sich Blutgerinnsel an geschädigten Gefäßwänden, setzen sich dort ab und stauen den Blutfluss. Löst sich solch ein Blutgerinnsel, droht eine Embolie: Gelangt das Gerinnsel nämlich im Blutfluss an eine Engstelle, kann es sie vollkommen verschließen. Das Gewebe stirbt ab. Sind dabei akut lebenswichtige Gewebe betroffen, wie die Lunge, kann die Embolie tödlich enden.

Wie bemerkt man Gefäßverschlüsse in den Beinen?

Engen Cholesterinablagerungen die Beinarterien stark ein, fehlt den Beinmuskeln der nötige Sauerstoff, und sie schmerzen schon nach wenigen Schritten. Mit der Zeit können sie sich verfärben oder Geschwüre bilden. Mediziner sprechen von arterieller Verschlusskrankheit (AVK). Der Volksmund nennt das »Schaufensterkrankheit«, weil Betroffene oft schmerzbedingt stehen bleiben.

Gibt es neben hohen Cholesterinwerten weitere Ursachen für Gefäßablagerungen?

Im Stoffwechsel entsteht das kurzlebige Abbauprodukt Homocystein. Eigentlich kein Problem. Doch kann es bei einem Mangel an den Vitaminen Folsäure, B6 oder B12 gefährlich werden und ebenfalls zu Arteriosklerose führen. Eine gemüsereiche Ernährung mit viel Rohkost und mit Folsäure angereichertes (Jod)Salz beugen vor.

Kann Bewegung den Cholesterinspiegel senken?

Messungen beweisen: Wer wöchentlich insgesamt 32 Kilometer joggt, hat noch 14 Tage nach dem Training deutlich niedrigere Cholesterinwerte als ohne Jogging-Training. Auch regelmäßiges Walken kann den LDL-Cholesterinwert um 5 Prozent senken und das HDL steigern (Seite 13)! Darüber hinaus beugt Ausdauersport Übergewicht, einem weiteren Risikofaktor für Herz-Kreislauf-Erkrankungen, vor.

Sind Männer häufiger von Herz-Kreislauf-Erkrankungen betroffen?

Nein, im Gegenteil. Frauen sterben sogar häufiger an Herzerkrankungen als Männer. Bis zu den Wechseljahren sind sie durch weibliche Geschlechtshormone gut davor geschützt, doch danach steigt die Zahl der Herz-Kreislauf-Beschwerden bei Frauen rapide an. Männer erleiden aber meist früher einen Herzinfarkt als Frauen.

Steigt der Cholesterinspiegel in Stress-Situationen an?

Typisch für alle, die ständig unter Strom stehen, sind erhöhte Stresshormonspiegel: Der Puls rast, der Blutdruck steigt. Das wirkt sich zwar nicht auf den Cholesterinspiegel aus, schädigt aber die Gefäße. Daher bildet auch Stress einen Risikofaktor für Herz und Kreislauf. Ein Entspannungsprogramm ist also durchaus ratsam!

Wie entsteht oxidiertes Cholesterin und was kann ich dagegen tun?

Freie Radikale, also sehr reaktionsfreudige Substanzen beispielsweise aus Nikotin und Umweltschadstoffen, können das Cholesterin chemisch verändern (oxidieren). Dadurch steigt seine Zerstörungskraft auf die Gefäßwände noch an! Radikalenfänger aus Obst- und Gemüse (Seite 15) machen diese freien Radikale unschädlich und wirken damit Gefäßschäden entgegen.

Fünf starke Säulen für Herz und Kreislauf –

damit die Gefäße gesund bleiben

Damit die Gefäße gesund sind und bleiben, sollten Sie nicht nur auf Ihren Cholesterinspiegel achten. Die Gesundheit von Herz und Kreislauf ruht auf fünf Säulen.

Gewicht im Griff

Übergewicht ist Gift für die Gefäße. Das in den Körperfettdepots angesammelte Fett schädigt die Blutgefäße. Denn es trägt dazu bei, dass mehr LDL-Cholesterin gebildet wird und die HDL-Konzentration sinkt. Besonders gefährlich wird das Fett, wenn es sich in der Bauchregion ansammelt. Außerdem fördert Übergewicht Diabetes mellitus Typ 2, der die Gefäße seinerseits ebenfalls stark belastet.

Um auszurechnen, ob Sie übergewichtig sind, brauchen Sie einen Taschenrechner. Teilen Sie Ihr Gewicht zweimal durch Ihre Körpergröße in Metern. So erhalten Sie Ihren persönlichen Body-Mass-Index. Beispiel: Bei einer Größe von 1,65 m und einem Gewicht von 68 kg rechnet man 68 durch 1,65. Das Ergebnis von 41,21 nochmals durch 1,65 geteilt ergibt fast 25 (ganz genau: 24,98). Zum Glück, denn das Ergebnis ist im Idealfall kleiner als 25. Alle Werte, die darüber liegen, deuten auf Übergewicht hin.

Praxistipp: Bei erhöhten Cholesterinwerten sollten Sie Ihrer Gesundheit zuliebe unbedingt Normalgewicht erreichen.

Wer abnehmen muss, erreicht den größten Erfolg durch eine fett- und kohlenhydratbewusste Ernährung. Das heißt, mit Fetten sparsam umgehen, auf fettreduzierte Produkte ausweichen und gesättigte Fette aus Butter, Käse, Sahne oder fetten Wurst- und Fleischsorten möglichst meiden. Viel günstiger sind ungesättigte Fette aus Pflanzenölen und fettreichem Fisch.

Bei Kohlenhydraten wie Zucker und Stärke gilt es zu unterscheiden: Zwischen jenen, die den Blutzucker schnell, und solchen, die den Blutzucker langsam erhöhen, also zwischen Kohlenhydraten mit hohem und niedrigem glykämischem Index, häufig auch »Glyx« genannt. Ein hoher glykämischer Index erschwert das Abnehmen, denn die Energie aus den Fettdepots wird vom Stoffwechsel kaum verbrannt, solange der Blutzucker hoch ist.

Praxistipps: Ganz verzichten müssen Sie nicht. Essen Sie jedoch lieber kleinere Portionen von Kartoffeln, feinen Brotsorten, Reis und Nudeln – wegen ihres hohen Glyx. Natürlich gelten auch zuckerreiche Süßigkeiten mit hohem Glyx

> **➤ So berechnen Sie Ihren BMI**
>
> Der Body-Mass-Index (BMI) zeigt Ihnen, ob Sie zu viel wiegen.
>
> $$\text{BMI} = \frac{\text{Körpergewicht (kg)}}{\text{Körpergröße (m)} \times \text{Körpergröße (m)}}$$
>
> BMI = 18,5 bis 25 = Normalgewicht
> BMI = 25 bis 30 = Übergewicht
> BMI › 30 = starkes Übergewicht

Testen Sie Ihre Herz-Kreislauf-Fitness

Nach Beantwortung dieser sieben Fragen wissen Sie, welches Risiko Sie Ihrem Herz und den Gefäßen zumuten oder auch, wie gesund Sie leben.

1. Rauchen Sie regelmäßig?	ja (-2)	nein (0)
2. Haben Sie Normalgewicht?	ja (0)	nein (-1)
3. Treiben Sie zumindest zweimal pro Woche regelmäßig Sport?	ja (+1)	nein (-1)
4. Haben Sie einen Blutdruck über 140/90 mm Hg?	ja (-3)	nein (0)
5. Sind Sie Diabetiker?	ja (-3)	nein (0)
6. Hatten Ihre Eltern, Großeltern oder Geschwister einen Herzinfarkt oder Schlaganfall?	ja (-2)	nein (+1)
7. Besteht bei Ihnen eine Herzkrankheit?	ja (-3)	nein (0)

Addieren Sie die Zahlen Ihrer Antworten. Bei einem negativen Ergebnis sollten Sie mit Ihrem Arzt über ein möglicherweise erhöhtes Gesundheitsrisiko sprechen und Ihren Cholesterinspiegel messen lassen.

beim Ringen ums Normalgewicht als echte Erfolgsblockaden. Gemüse und Obst (mit Ausnahme von Bananen) enthalten dagegen Kohlenhydrate, die den Blutzucker nur wenig beeinflussen. Außerdem belasten sie den Körper nicht mit Fett – sind also perfekt zum gesunden Abnehmen.

Überdruck ablassen

Im Idealfall liegt der Blutdruck ungefähr bei 120/80 mm Hg. Bei Werten über 140/90 mm Hg wird es kritisch. Dann kann das mit Überdruck durch die Gefäße gepumpte Blut die Wände der Adern beschädigen.

Praxistipps: Beugen Sie vor, indem Sie sparsamer salzen. Peppen Sie Ihre Speisen lieber mit Gewürzen und frisch gehackten Kräutern geschmacklich auf. Oft sinkt der Blutdruck auch, wenn Sie mehr Gemüse und Obst essen, nur wenig Alkohol trinken oder einige Pfunde abnehmen. Unsere Rezepte berücksichtigen diese unterschiedlichen Anforderungen an eine herzgesunde Ernährung.

In Bewegung bleiben

Körperlich aktiv zu sein, beeinflusst Ihre Cholesterinwerte gleich doppelt positiv: Bewegung senkt den LDL- und erhöht den HDL-Wert. Zusätzlich lässt sie den Blutdruck und das Diabetesrisiko sinken und hilft Übergewicht abzubauen. Viele gute Gründe also für mehr Bewegung im Alltag! Keine Sorge, Sie müssen dafür nicht jeden Tag stundenlang durch den Wald joggen.

Praxistipps: Überanstrengen Sie sich nicht. Ringen Sie Ihrem Körper keine Höchstleistungen ab, sondern bringen Sie mehr Bewegung in den Alltag, die Ihnen Spaß macht. Ideal, wenn Sie täglich 30 Minuten am Stück aktiv sind: etwa bei der Gartenarbeit, im Fitnessstudio, beim Gassigehen mit dem Hund oder indem Sie zur Arbeit radeln. Je abwechslungsreicher, desto leichter wird es Ihnen fallen.

Raus aus dem Stress

Ständiger Stress erhöht das Herzinfarktrisiko um 30 Prozent. Neue schwedische Studien belegen, was ohnehin jeder schon vermutete: Wer generell eher gelassen bleibt, schont sein Herz. Häufig gestresst reagierende Menschen hingegen riskieren über kurz oder lang einen Herzinfarkt oder tödlichen Schlaganfall.

Praxistipps: Akut hilft es, erst einmal tief durchzuatmen, Belastendes aufzuschreiben oder darüber zu reden. Langfristig wirken die unterschiedlichsten Entspannungsmethoden. Je nach Problem können auch ein Kurs in Zeitmanagement oder Konflikttraining, Sport, Kino oder regelmäßiges Kochen den nötigen Abstand und Ausgleich zum Job herstellen.

Herzgesund genießen

Wenig Fett, nicht zu viel Salz, vitaminreiches Essen mit vielen ungesättigten Fettsäuren, aber wenig Cholesterin – so sieht die optimale Ernährung für alle Menschen mit einem erhöhten Cholesterinspiegel aus. Sie glauben, dass sich dahinter nur eine fade Diätkost verbirgt? Weit gefehlt. Ab Seite 22 finden Sie jede Menge alltagsfreundliche und überaus leckere Rezeptideen. Bessere Gegenbeweise kann es doch gar nicht geben!

Nahe liegend wäre es, bei erhöhtem Cholesterinspiegel alle Lebensmittel mit hohen Cholesterinwerten zu meiden. Doch das allein wird die Cholesterinwerte nicht wesentlich beeinflussen. Sie helfen Ihrem Herzen und den Gefäßen nicht, wenn Sie beispielsweise beim Sonntagsfrühstück auf das lieb gewordene Ei oder auf Butter verzichten und das Brötchen stattdessen dick mit Margarine bestreichen. Denn: Das meiste Cholesterin bildet der Körper selbst!

Viel wichtiger ist es, generell sparsam mit Fett umzugehen. Alternativen gibt es immer, zum Beispiel beim Brotaufstrich: Vielleicht schmeckt Ihnen das Brötchen auch mit einem Aufstrich aus Frischkäse mit wenigen Fettprozenten und frischen Kräutern, Tomaten- oder Gurkenscheiben? Ausprobieren! Statt pikanter oder süßer – aber leider immer sehr fetter – Blätterteigtaschen wählen Sie besser solche aus Quark-Öl-Teig aus. Im Supermarkt finden Sie fettreduzierte Wurstwaren, und am Käsestand fragen Sie nach würzigen Käsesorten, die auch mit 30 % Fett i. Tr. noch gut schmecken. Sogar Schlagsahne gibt es jetzt schon als pflanzliche Alternative mit einem Drittel weniger Fett.

➤ Medikamente als letzte Chance

Kann zum Beispiel bei erblich bedingten hohen Cholesterinwerten die beste Ernährung den Cholesterinspiegel nicht senken, helfen verschiedene Medikamente. Sie hemmen die Cholesterinbildung im Körper (Statine), die Aufnahme des Cholesterins aus dem Darm (Austauscherharze bzw. Resorptionshemmer) oder beides (duale Cholesterinhemmer). Diese Medikamente ersetzen weder eine cholesterinbewusste Ernährung noch einen gesunden Lebensstil, können sie aber wirkungsvoll ergänzen!

Die wirksamsten Medikamente sind so genannte **CSE-Hemmer** (Cholesterin-Synthese-Enzym-Hemmer). Sie senken das LDL-Cholesterin auf unter 100 mg/dl. Nachteil: Sie müssen oft lebenslang regelmäßig eingenommen werden, um wirken zu können. Im Unterschied dazu drosseln **Fibrate** die Triglyceridwerte und erhöhen den HDL-Cholesterinspiegel. Ihr genauer Wirkmechanismus ist noch unbekannt.

Die guten Sportarten

Studien der Emory University in Atlanta, USA, ergaben, dass nur eine längere körperliche Betätigung den Abbau von Cholesterin fördert. Kurzfristige, zumeist körperlich schwere Anstrengungen hingegen sind Gift für Herz und Gefäße. Selbst leichte Bewegungen wie Wandern, einfache Gartenarbeit, Gymnastik oder Schwimmen verringern das Herzinfarktrisiko. Günstig bei erhöhten Blutfettwerten oder Bluthochdruck sind:

GÜNSTIGE SPORTARTEN

Sportart	Vorteile	Kalorienverbrauch
Aerobic	Fettabbau, steigert Ausdauer, hoher Spaßfaktor	210 kcal
Aqua-Jogging	Fettabbau, steigert Ausdauer, hoher Spaßfaktor	400 kcal
Bogenschießen	Entspannung, Stressabbau	-
Eislaufen	Fettabbau, steigert Ausdauer, hoher Spaßfaktor	175 kcal
Fahrrad fahren	Fettabbau, steigert Ausdauer, hoher Spaßfaktor	212 kcal
Fechten	Stressabbau	289 kcal
Golf	Stressabbau, Fettabbau	174 kcal
Gymnastik	steigert Beweglichkeit	210 kcal
Inlineskating	Fettabbau, steigert Ausdauer, hoher Spaßfaktor	420 kcal
leichtes Jogging	Fettabbau, steigert Ausdauer	330 kcal
Schießen	Stressabbau, Entspannung	-
Schwimmen, zügig	Fettabbau, steigert Ausdauer, steigert Beweglichkeit	340 kcal
Skilanglauf	Fettabbau, steigert Ausdauer	302 kcal
Tai-Chi Chuan	Stressabbau, Entspannung	-
Tanzsport	Stressabbau, Fettabbau, steigert Ausdauer	225 kcal
Nordic Walking	Fettabbau, steigert Ausdauer	200 kcal
Walking	Fettabbau, steigert Ausdauer	140 kcal
Wandern	Fettabbau, steigert Ausdauer	93 kcal

Hinweis zum Energieumsatz: Die Werte beziehen sich jeweils auf 30 Min. Der Kalorienverbrauch kann je nach Intensität bei der Ausführung stark schwanken.

- = keine Werte

Cholesterinbewusst genießen – Therapie mit Messer und Gabel

Mit dem Fett sinkt der Cholesterinwert

Im Idealfall sollten Fettkalorien im Tagesdurchschnitt nur etwa 30 Prozent aller aufgenommenen Kalorien ausmachen. Meist liegen wir aber deutlich über dieser gesunden Menge. Als Herz- und Gefäß-Bösewichte gehören fette Wurst-, Fleisch- und Käsesorten, Streichfette, Sahne und andere fettreiche Milchprodukte sowie die meisten Süßigkeiten auf den Index. Sie enthalten große Mengen gesättigter Fettsäuren, die den Cholesterinspiegel nach oben treiben.

Den Genuss beeinträchtigt der Verzicht auf diese Übeltäter schon lange nicht mehr: Vieles können Sie problemlos gegen fettärmere Alternativen austauschen (hintere Buchklappe). Ersparen Sie sich das Fett, indem Sie bei der Zubereitung beschichtete Pfannen verwenden, in Bratfolie garen und die Zutaten häufiger dünsten oder grillen.

Wer bei mageren Speisen um den würzigen Geschmack bangt, weiß (noch) nicht, dass Fett zwar ein guter Geschmacksträger, aber kein Geschmacksgeber ist. Die Aromen selbst können zum Beispiel von frischen Kräutern und Gewürzen stammen. Gehen Sie damit beim Kochen verschwenderisch um. Dann entfalten die Gerichte auch mit wenig (gutem!) Fett die volle Würze.

Ölwechsel macht das Herz fit

Grundsätzlich ist es ideal und senkt das LDL-Cholesterin, wenn Sie gesättigte Fettsäuren durch einfach ungesättigte Fettsäuren ersetzen. Wie? Indem Sie beispielsweise zum Braten nicht Butterschmalz, sondern Raps- oder Olivenöl verwenden. Mehrfach ungesättigte Fettsäuren sind für die gesunde Ernährung wertvoll, aber leider auch sehr hitzeempfindlich. Daher sollten Nüsse und Samen sowie deren Öle vor allem der kalten Küche vorbehalten bleiben. Verwenden Sie Nuss- oder Sonnenblumenöle besser nicht zum Braten.

Je nach Zusammensetzung senken manche mehrfach ungesättigten Fette vor allem das LDL-

➤ Diätprodukte mit Pflanzensterinen

Einige neue Lebensmittel, zum Beispiel Margarine, sind mit Pflanzensterinen angereichert. Diese Sterine vermindern die Cholesterinaufnahme im Darm. Das gelingt, weil die Form der künstlich zugesetzten Sterine der des Cholesterins ähnelt. So können sie einen Teil des Cholesterins auf dem Weg vom Darm ins Blut verdrängen. Bei täglichem Verzehr – kombiniert mit einer cholesterinbewussten Lebensweise – kann das LDL-Cholesterin so um 10 bis 15 Prozent sinken.

Cholesterin, während andere den Triglyceridspiegel im Blut nach unten drücken. Als besonders segensreich für Herz und Kreislauf erweisen sich spezielle mehrfach ungesättigte Fettsäuren, die Omega-3-Fettsäuren. Sie stecken zum Beispiel in Lachs, Makrele, Hering und Thunfisch. Der Körper baut sie in Reglerstoffe um, die die Gefäße erweitern, den Blutfluss verbessern und damit Herz-Kreislauf-Beschwerden wirkungsvoll begegnen.

Ballaststoffe: Sattmacher und Cholesterinsenker

Ballaststoffe sind natürliche Sattmacher. Sie quellen in Magen und Darm auf und lassen so Hunger und Magenknurren gar nicht erst aufkommen. Dank dieser guten Sättigungswirkung unterstützen sie die fettreduzierte und cholesterinbewusste Ernährung. Zudem tragen sie aktiv dazu bei, den Cholesterinspiegel im Blut zu senken: Die Leber baut Cholesterin in Gallensäure um. Diese kümmert sich im Darm um die Fettverdauung und wird dann vom Stoffwechsel wieder recycelt. Ballaststoffe binden diese Gallensäuren und sorgen dafür, dass sie ausgeschieden werden und die Leber frisches Cholesterin zur Gallensäureproduktion bereitstellen muss. Der Cholesterinspiegel sinkt. Besonders wirksam sind in dieser Hinsicht die Ballaststoffe aus Haferkleie und Hülsenfrüchten.

Vorsicht Cholesterinbombe

Um einen schon erhöhten Blutcholesterinwert möglichst nicht noch zusätzlich zu belasten, empfiehlt sich natürlich auch der sparsame Umgang mit besonders cholesterinreichen Lebensmitteln wie Eiern, Innereien oder Meeresfrüchten. Allerdings hat der Cholesteringehalt der Nahrung einen weit geringeren Einfluss auf den Cholesterinspiegel als Menge und Art der Fette. Nehmen wir bei einer Mahlzeit zum Beispiel mit einer Portion Rührei oder einem Garnelensalat überdurchschnittlich viel Cholesterin auf, drosselt der Körper sofort die eigene Cholesterinproduktion.

Doch diese Eigenregulation funktioniert bei erhöhten Cholesterinwerten nicht immer. Dann ist es sinnvoll, auf cholesterinreiche, fette Fleisch- und Wurstprodukte zu verzichten, es bei drei Eiern pro Woche (die in Nudeln, Gebäck und Aufläufen eingerechnet) zu belassen und auf Innereien und Meeresfrüchte weitgehend zu verzichten.

Cholesterin-Blocker in Gemüse, Vollkorn & Co.

Cholesterinfrei und fettarm – mit diesen Eigenschaften stehen pflanzliche Lebensmittel auf dem Anti-Cholesterin-Speisezettel ganz oben. Und wenn sie doch etwas Fett enthalten, dann vorzugsweise solches mit hochwertigen ungesättigten Fettsäuren. Immer häufiger entdecken Wissenschaftler auch aktive Cholesterinsenker und Gefäßschoner in Körnern, Knoblauch und Kichererbsen. Solche Schutzstoffe können die Cholesterinaufnahme im Darm hemmen, der Cholesterinbildung in der Leber entgegenwirken oder freie Radikale abfangen, bevor diese das LDL-Cholesterin zum gefährlichen Angriff auf die Gefäßwände anstiften. Kein Wunder, dass es Herz und Kreislauf bei einer Ernährung mit viel Gemüse und Obst – nachweislich um mehr als 40 Prozent – besser geht.

So einfach geht's –

cholesterinbewusst essen & trinken

Sind Eier bei einem hohen Cholesterinspiegel absolut tabu?

Auch wenn Eier viel Cholesterin enthalten, sind bis zu drei Eier pro Woche selbst bei erhöhten Blutfetten erlaubt. Bei den meisten Menschen steigen die Cholesterinwerte nur sehr schwach an, wenn mehr Cholesterin mit der Nahrung aufgenommen wird.

Wie viel Kaffee ist erlaubt?

Generell machen bis zu vier Tassen Kaffee am Tag keine Probleme. Empfindliche Menschen reagieren aber schon nach einer Tasse mit Herzrasen, schnellem Puls und einem erhöhten Blutdruck. In diesem Fall am besten auf koffeinarme Kaffeesorten umsteigen oder Tee trinken. Tee enthält zwar auch Koffein (früher Tein genannt), das aber weitaus schwächer wirkt.

Ist helles Fleisch besser als dunkles?

Ganz gleich welche Farbe das Fleisch hat: Es kommt auf den Fettgehalt an. Am roten Fleischstück sieht man das Fett oft recht deutlich und kann es in vielen Fällen einfach wegschneiden. Bei hellem Geflügelfleisch sitzt das meiste Fett direkt unter der Haut. Deshalb am besten auf die Haut verzichten. Ohne Haut zählt das Brustfleisch von Huhn und Pute sogar zu den besonders mageren Fleischstücken.

Wie oft darf man bei erhöhten Blutfetten fette Fischsorten essen?

Fischfette sind besonders gesund. Doch auch bei einer Ernährung mit überwiegend gesunden Fetten sollte man die 30-Prozent-Fett-Grenze nicht überschreiten. Wer sich fettarm ernährt, kann sich Makrele, Hering oder Lachs öfter gönnen. Sonst besser nur einmal pro Woche eine Mahlzeit mit solch fettem Fisch und eine zweite mit magerem Seefisch wie Scholle, Kabeljau oder Seelachs.

Senkt Knoblauch den Cholesterinspiegel?

Knoblauch liefert hochaktive Schwefelverbindungen, die den LDL-Cholesterinspiegel regulieren und den Blutdruck senken können. Daher profitieren gerade Herz-Kreislauf-Patienten vom regelmäßigen Genuss. Wenn Ihnen mindestens zwei Zehen pro Tag zu viel sind, weichen Sie einfach auf geruchsneutrale Knoblauch-Präparate aus der Apotheke aus.

Können Nüsse bedenkenlos geknabbert werden?

Nüsse enthalten vor allem gesunde ungesättigte Fettsäuren. Aber auch diese können im Übermaß dick machen. Knabbern Sie die knackigen Energiepakete besser nicht gedankenlos nebenher: Schon eine Hand voll als Zwischenmahlzeit, ein Esslöffel gehackter Nüsse als leckere Beigabe zum Müsli, zum Salat oder im Naturjoghurt versorgen Sie optimal mit herzgesunden Fetten.

Ist eine teure Diätmargarine bei hohen Cholesterinwerten notwendig?

Jein. Statt von Butter auf eine Diätmargarine umzusteigen, wäre es sinnvoller, ganz oder teilweise auf Streichfett zu verzichten. Wer beim sichtbaren, vermeidbaren Fett spart, hat beste Chancen, den Cholesterinspiegel zu senken. Wenn Sie allerdings nicht auf Streichfett verzichten wollen, ist eine Diätmargarine dank des hohen Anteils ungesättigter Fettsäuren die beste Wahl.

Welche Öle sind für Salate, welche Fette für die Pfanne zu empfehlen?

Kaltgepresste, aromareiche Pflanzenöle von Nüssen und Samen sind in der kalten Küche ideal. Sie sind so aromatisch, dass bereits ein Esslöffel für die Salatsauce ausreicht. Diese Öle enthalten viele mehrfach ungesättigte Fettsäuren. Dagegen finden sich im Oliven- und Rapsöl vor allem einfach ungesättigte Fettsäuren, denen es nichts ausmacht, in der Pfanne erhitzt zu werden.

Können Vitamine die Cholesterinwerte verbessern?

Bislang hat keine Untersuchung gezeigt, dass hohe Vitaminmengen den Cholesterinspiegel langfristig günstig beeinflussen. Vitamine in Obst und Gemüse können allein nicht für die Schutzwirkung auf Herz und Gefäße verantwortlich gemacht werden. Aber diese komplexen Lebensmittel sorgen durch das Zusammenwirken all ihrer Nährstoffe wie auch durch die Vielzahl zusätzlich enthaltener Substanzen für einen optimalen Schutz der Gefäße.

Essen außer Haus – cholesterinbewusst

durchs Restaurant

Essen außer Haus

»Haben Sie schon etwas gefunden?« Auf diese Standardfrage jedes Kellners wissen Menschen mit hohem Cholesterinspiegel oft nichts zu antworten. Denn auf der Speisekarte steht leider nicht, mit wie viel und mit welchem Fett gekocht wird.

Nicht selten wählt der fettbewusste Genießer dann einen Salat, eine Gemüse-Lasagne oder das Schweinefilet mit Pilzen und Gemüse-Beilage. Doch leider hat der Koch die Salatblätter in einer Sahnesauce ertränkt und die Lasagne mit einer schweren Béchamelsauce zubereitet. Das magere Fleisch wird von einem sahnig-fetten Pilzragout begleitet, während das frische Gemüse kurz vor dem Servieren noch mit flüssiger Butter übergossen wurde.

Um solchen Erlebnissen vorzubeugen, stellen Sie vor der Bestellung einige Fragen – vielleicht ungewohnte, aber durchaus berechtigte. Im Interesse von Herz und Gefäßen! Also nicht schüchtern sein. Lassen Sie sich erläutern, ob mit Butter oder Öl gebraten wird, ob Sie die Bratensauce bzw. das Salatdressing getrennt in einer kleinen Terrine bekommen können und ob es möglich wäre, Gemüse, Fisch oder Kartoffeln ohne den sonst üblichen Stich Butter zu servieren. Gute Restaurants gehen darauf ein und werden Ihnen behilflich sein, zumal wenn Sie betonen, dass Sie aus gesundheitlichen Gründen etwas kritischer bei der Auswahl Ihrer Speisen sein müssen und auf vermeidbares Fett – zumal solches mit gesättigten Fettsäuren – nur allzu gerne verzichten. Vielleicht brät der Koch ohnehin alles ganz frisch, dann kann er problemlos Butter durch Rapsöl ersetzen.

Und noch ein Tipp: Auf jeder Speisekarte werden Sie Fisch finden. Bitten Sie darum, dass er nur kurz gedämpft oder gedünstet, aber nicht frittiert oder in Fett gebraten wird. Dazu bestellen Sie einen großen Salat mit wenig Olivenöl – und schon können Sie problemlos genießen.

Allgemeine Tipps fürs Restaurant

Bestellen Sie

- statt panierter, frittierter oder gratinierter Speisen besser Gegrilltes, Gedämpftes oder Gekochtes.
- statt Cremesuppe eine Gemüsesuppe.
- statt Pommes besser Grillkartoffeln.
- statt angemachtem Salat besser Salat pur. Bitten Sie darum, dass man Ihnen statt fertigem und oft fettem Salatdressing nur Essig und Öl dazu serviert.
- statt Fritten, Cheeseburger und Apfeltasche besser Salat, gegrillte Hähnchenbrust und ein Joghurt- oder Fruchtdessert. Das bietet jedes bessere Fast-Food-Restaurant an.
- statt einer Mayonnaise-Sauce besser ein Dressing aus Essig, Senf und eventuell Joghurt.
- statt Softdrink lieber Fruchtsaft (-schorle).
- statt Sahneeis ein Sorbet.

Nicht über Fast-Food-Fallen stolpern

Sogar bei den großen Fast-Food-Anbietern lässt sich cholesterinbewusst essen. Schließlich finden Sie dort nicht nur fetttriefende Fleischklopse im Brötchen. Große Salatportionen, fettarm gegrilltes Hähnchenfleisch, Joghurtshakes und ein Becher mit Obststücken boomen selbst in diesen früheren Hochburgen gedankenlosen Kalorienkonsums. Mittlerweile können Sie auch in den Fast-Food-Tempeln gesund und abwechslungsreich essen. Achten Sie darauf, sich keine fette Sauce auf Mayonnaise-Basis über den frischen, knackigen und fast fettfreien Salat oder das magere Hähnchenfleisch zu gießen. Eine leichte Joghurtsauce passt hier viel besser. Weitere Ratschläge: Wählen Sie

➤ statt Cheeseburger besser ein Brötchen mit dünner Fleischscheibe, Salatblatt, Tomate und Ketchup.

➤ statt frittiertem Hähnchenfleisch besser gegrillte Hähnchenbrust und einen Salat mit Joghurtsauce.

➤ statt Muffins und Donuts besser Obststücke.

➤ statt fetter Sour-Cream-Sauce besser Currysauce oder Salsa-Dip.

Die gute Wahl beim Asiaten

Reis ist eine der wichtigsten Zutaten in allen asiatischen Restaurants, außerdem gibt es viel Gemüse, und das Fleisch wird meist dünn geschnitten. Eigentlich ideal für eine cholesterinbewusste Ernährung. Allerdings bieten die Asienküchen auch viele frittierte Speisen an, die Sie meiden sollten. Ziehen Sie also die schonend gedämpften Teigtaschen und Gemüsegerichte vor. Außerdem wählen Sie

➤ statt Frühlingsrollen und frittierten Wan-Tan-Taschen besser gedämpfte oder in Wasser gekochte Teigtaschen.

➤ statt Ente lieber Gerichte mit Hähnchenfleisch.

➤ statt Eierrolle besser gebackenen Tofu.

➤ statt Gerichten in Kokosmilch besser süßsauer gewürzte.

➤ statt Reis mit Meeresfrüchten besser Reis mit Hähnchenbrust und Früchten.

➤ statt in Teig ausgebackenem Fleisch, Fisch oder Gemüse besser solches, das in Teriyaki-Sauce mariniert und gegrillt wurde.

➤ statt gebratenem besser gedämpften Reis.

➤ statt Kokoscreme oder -eis besser Fruchtdesserts.

Beim Italiener geht's um Sauce und Belag

Die echte italienische Pasta besteht nur aus Mehl und Wasser und enthält kein Fett. Erst durch die Sauce entwickeln sich Spaghetti carbonara oder Maccheroni alla napoletana zur Kalorienbombe. Das muss aber nicht sein, schließlich schmecken Nudeln mit einer Sauce aus frischen Tomaten oder anderen Gemüsestückchen genauso gut. Etwas Thunfisch oder kleine Putenfiletwürfel machen solch eine Pastasauce raffinierter und dabei kein bisschen fetter. Genauso sieht es bei der Pizza aus: Während der Teig superleicht daherkommt, hat es der Belag oft in sich. Wählen Sie einen Belag mit Gemüse, Pilzen, etwas Schinken und wenig Käse. Hier noch weitere Tipps für einen genussreichen, aber fettarmen Besuch bei Ihrem Lieblingsitaliener. Wählen Sie

➤ statt Vitello tonnato oder Crostini mit Lebercreme besser Minestrone oder Schinken mit Feigen als Vorspeise.

➤ statt Pasta mit Hackfleisch oder Käse besser Pasta mit Gemüse, Pilzen oder Fisch.

➤ statt Omeletts besser überbackenes Gemüse oder lecker marinierte Hülsenfrüchte.

➤ statt frittierter Meeresfrüchte besser gekochte Muscheln mit Tomatensauce.

➤ statt Tiramisu oder Panna cotta besser marinierte Erdbeeren, Fruchteis oder Amaretti zum Dessert.

Fett sparen leicht gemacht –

denn Fettgeiz ist gesund!

Wurst: Die meisten Wurstsorten enthalten reichlich Fett, noch dazu mit vielen gesättigten Fettsäuren. Besser auf fettreduzierte Geflügelwurstsorten oder Bierschinken ausweichen, das Brot mit gekochtem Schinken oder Lachsschinken (ohne Fettrand!) belegen. Bitte immer auf die Fettangaben achten.

Fleisch: Ohne sichtbares Fett stellt es kein Problem dar, wenn es in normalen Portionen bis etwa 150 Gramm auf den Teller kommt. Daneben finden reichlich Gemüse, etwas Reis oder Kartoffeln noch viel Platz auf dem Teller. Aufgrund ihres hohen Cholesteringehalts sollten Sie Innereien besser nur ganz selten essen.

Milchprodukte: Achtung, hier lauern viele versteckte Fette. Tauschmöglichkeiten: fettreduzierter Frischkäse (gibt es ab 0,2 Prozent Fett im Supermarkt) statt Crème fraîche, Magerquark – mit etwas Mineralwasser cremig gerührt – statt fettem Sahnequark. Auf Schlagsahne verzichten Sie besser ganz oder tauschen sie gegen fettärmere Sahneerzeugnisse.

Käse: Zugegeben, Käse mit 30 Prozent Fett i. Tr. schmeckt nicht immer so lecker wie vollfetter. Doch das gilt nicht für jede Sorte: Wer viel Käse isst, sollte sich die Mühe machen, die wachsende Zahl der fettärmeren Sorten zu testen. Übrigens: Der hohe Kalzium- und Vitamin-B2-Gehalt der Milch ist in fettarmen Milchprodukten oder Käsesorten ebenso vorhanden wie in fettreichen.

Knabbergebäck: Hätten Sie gedacht, dass gewöhnliche Chips mehr Fett enthalten als Räucheraal oder Schweinebauch? Wehe dem, der davon abends eine ganz Tüte isst. Zum Glück gibt es auch Sorten mit nur 3 Prozent Fett. Eine andere Alternative ist Popcorn. Dieses bei Bluthochdruck mit Paprikapulver statt mit Salz würzen!

Süßigkeiten: Echter Schokogenuss ist keine Frage der Menge. Genießen Sie weniger, dafür aber nur feinste Schokoladensorten, am besten mit mehr als 70 Prozent Kakao. Wem es vor allem um den süßen Geschmack geht, der kann zu Fruchtgummis, Bonbons, Gummibärchen oder Fruchtschnitten greifen – garantiert fettfrei. Doch auch nicht wirklich zu empfehlen. Besser für zwischendurch: Trockenfrüchte.

Butter: Früher sprach man von der »guten Butter«. Besser für den Cholesterinspiegel ist es allerdings, sie gar nicht oder nur hauchdünn aufs Brot zu streichen. Verwenden Sie als Aufstrich lieber fettarmen Frischkäse oder Magerquark, als würzige Variante auch Tomatenmark oder Ajvar, eine milde bis scharfe Paprikapaste, die jeder gut sortierte Supermarkt führt.

Mayonnaise & Eier: Mayonnaise besteht aus Eiern und Fett – ist also bei hohen Blutfettwerten nicht geeignet! Viele Salatcremes kommen mit halb so viel Fett aus. Verrührt mit Joghurt oder magerem Frischkäse ergeben sie eine prima Sauce. Ein Frühstücksei pro Woche ist kein Problem. Backen Sie allerdings oft mit vielen Eiern, testen Sie einmal cholesterinfreien Ei-Ersatz aus Reformhaus oder Apotheke.

Brot & Backwaren: Wählen Sie am besten die Vollkornvariante. Wer ungern auf harte Körner beißt, fragt einfach nach Brot aus fein gemahlenem Vollkornmehl. Neben cholesterinsenkenden Ballaststoffen bieten Vollkornprodukte ein Vielfaches an Vitaminen und Mineralstoffen. Und sie schmecken länger saftig-frisch, weil sie die Feuchtigkeit besser halten!

Cholesterinbewusst **kochen, backen** und **genießen**

Um den Cholesterinspiegel zu senken, muss die Ernährung dauerhaft umgestellt werden. Da sind alltagstaugliche Rezepte gefragt, die immer wieder für Abwechslung sorgen, problemlos zuzubereiten sind und schnell von der Hand gehen. Solche Einfach-gut-und-lecker-Rezepte finden Sie in diesem Kapitel.

Wählen Sie aus der großen Rezeptvielfalt, was Ihnen schmecken könnte. Die Zeitangaben geben Ihnen einen Hinweis, wie schnell oder zeitaufwändig die Rezepte sind. Achten Sie außerdem auf die Portionsangaben. In der Regel gelten sie für zwei Personen. Entdecken Sie, wie genussvoll Sie Ihre hohen Blutfettwerte senken können – weil diese fett- und cholesterinbewussten Gerichte alles andere als eintönig, fade oder langweilig schmecken und einem verwöhnten Gaumen genauso gerecht werden wie cholesteringeplagten Gefäßen.

Süßer Früchte-Burger

FÜR 4 PERSONEN

4 EL Walnussblättchen (ersatzweise Kokosflocken, Mandelblättchen oder Kürbiskerne)
1 süßer Apfel
1 kleine Orange
1 Kiwi
1 Banane
2 EL Frischkäse (5 % Fett)
1 TL Honig
4 große Vollkornbrötchen (mit Leinsamen, Sonnenblumen- oder Kürbiskernen)

ZUBEREITUNG: ca. 15 Min.

1. Die Walnussblättchen in einer beschichteten Pfanne ohne Fett goldbraun rösten.
2. Den Apfel schälen und das Kerngehäuse ausstechen. Orange und Kiwi schälen. Alle Früchte in dicke Scheiben schneiden.
3. Die Banane schälen, das Fruchtfleisch mit einer Gabel zerdrücken. Das Bananenmus mit Frischkäse und Honig verrühren.
4. Die Brötchen halbieren. Die Hälften mit der Bananencreme bestreichen. Die Böden mit den Apfelscheiben belegen. Darauf die Kiwi- und Orangenscheiben verteilen. Mit den Nussblättchen bestreuen und die Brötchendeckel auflegen.

VARIANTE

Die Früchte für diesen Burger gibt's das ganze Jahr. Trotzdem können Sie das Obst ganz nach Saison variieren. Besonders fein schmecken frische Beeren. Einfach die gewaschenen und zerkleinerten Beeren unter den Frischkäse rühren und die Creme auf die Brötchen streichen.

PAUSENSNACK

Mit einem kleinen Trick können Sie die Burger problemlos mit zur Arbeit nehmen: Bestreichen Sie die Brötchen mit der Frischkäse-Honig-Creme. Aus den Früchten und gerösteten Nüssen bereiten Sie einen Obstsalat. Beträufeln Sie ihn mit etwas Zitronensaft, damit die Früchte nicht braun werden. In einer Frischhaltedose bleibt er locker bis zur Pause frisch. Das Frischkäse-Brötchen dazu essen.

Nährwerte pro Portion:

310 kcal • **10 g** Eiweiß • **8 g** Fett • **49 g** Kohlenhydrate • **8 g** Ballaststoffe

Buntes Getreidemüsli

FÜR 2 PERSONEN
6 EL Weizenkörner
2 EL Rosinen
1 EL Kürbiskerne
1 EL Haselnusskerne
1 Orange
1 Kiwi
1 Birne
6 EL Magermilchjoghurt (0,1 % Fett)

ZUBEREITUNG: ca. 15 Min.
QUELLZEIT: ca. 8 Std.

1. Den Weizen in der Getreide- oder Kaffeemühle grob schroten. Mit Rosinen und 100 ml kaltem Wasser verrühren. Ca. 8 Std. kühl stellen.

2. Die Kürbis- und Haselnusskerne grob hacken. In einer beschichteten Pfanne ohne Fett 2 Min. unter Rühren rösten.

3. Die Orange dick schälen, dabei die weiße Haut vollständig entfernen. Die Fruchtfilets zwischen den Trennhäutchen herauslösen, dabei den Saft auffangen. Die Kiwi schälen und in Scheiben schneiden. Die Birne schälen, das Kerngehäuse ausstechen und die Birne grob raspeln. Früchte, Orangensaft und Joghurt unter den Getreidebrei rühren.

TIPP

Wenn Sie das Müsli für die Pause mitnehmen wollen, rühren Sie statt Joghurt 6 EL Apfelsaft unter den Getreidebrei. Kiwis entwickeln mit der Zeit Enzyme, die in Verbindung mit Joghurt Bitterstoffe bilden.

Nährwerte pro Portion:

235 kcal • **7 g** Eiweiß • **3 g** Fett • **42 g** Kohlenhydrate • **8 g** Ballaststoffe

Trinkmüsli

FÜR 2 GLÄSER
500 ml Apfelsaft
5 EL Getreideflocken
1 kleine Galia-Melone (500 g)
150 g Magermilchjoghurt (0,1 % Fett)
2 EL Honig

ZUBEREITUNG: ca. 10 Min.

1. Den Apfelsaft erwärmen. Die Getreideflocken einrühren und 5 Min. darin quellen lassen.

2. Die Melone halbieren und die Kerne herausschaben. Die Hälften schälen und in Stücke schneiden. Das Fruchtfleisch mit der Flockenmischung und dem Joghurt im Mixer oder mit dem Zauberstab fein pürieren. Mit Honig süßen und in zwei hohen Gläsern servieren.

TIPP

Sie vertragen keine rohen Früchte? Erhitzen Sie die Melonenstücke kurz im Apfelsaft und rühren dann erst die Flocken ein. Nach dem Quellen alles zusammen pürieren.

Nährwerte pro Portion:

365 kcal • **8 g** Eiweiß • **3 g** Fett • **75 g** Kohlenhydrate • **3 g** Ballaststoffe

Knuspermüsli mit Apfel

FÜR 2 PERSONEN

- 6 EL kernige Haferflocken
- 2 EL Kürbiskerne
- 2 EL Haferkleieflocken
- 1 Päckchen Vanillezucker
- 6 Trockenaprikosen (ungeschwefelt)
- 1 großer Apfel
- 300 ml fettarme Dickmilch (1,5 % Fett)

ZUBEREITUNG: ca. 15 Min.

1. Die Haferflocken, Kürbiskerne und Haferkleieflocken mit Vanillezucker in einer beschichteten Pfanne ohne Fett 5 Min. unter Rühren rösten.

2. Die Trockenaprikosen klein schneiden. Den Apfel schälen, das Kerngehäuse ausstechen und den Apfel grob raspeln. Mit den Fruchtstückchen und der Dickmilch verrühren. Mit den Knusperflocken bestreuen.

TIPP

Verwenden Sie ungeschwefelte Aprikosen. Geschwefelte Trockenfrüchte zerstören die B-Vitamine der Flocken.

Nährwerte pro Portion:

390 kcal • **15 g** Eiweiß • **10 g** Fett • **57 g** Kohlenhydrate • **13 g** Ballaststoffe

Beerenmüsli

FÜR 2 PERSONEN

- 250 g gemischte Beeren (frisch oder tiefgekühlt)
- 100 g kernige Haferflocken
- 2 EL Rosinen
- 250 ml fettarme Dickmilch (1,5 % Fett)
- 1 Päckchen Vanillezucker
- 1 EL gehackte Pistazien

ZUBEREITUNG: ca. 10 Min.

1. Die Beeren behutsam waschen, trockentupfen und putzen. Große Beeren halbieren. Tiefgekühlte Früchte in wenig Wasser bei schwacher Hitze auftauen und abtropfen lassen. Die Früchte auf zwei Gläser oder Teller verteilen.

2. Die Haferflocken mit Rosinen, Dickmilch und Vanillezucker verrühren. Über die Beeren gießen. Das Müsli mit Pistazienkernen bestreuen.

Nährwerte pro Portion:

365 kcal • **13 g** Eiweiß • **9 g** Fett • **56 g** Kohlenhydrate • **6 g** Ballaststoffe

Orangenmüsli

FÜR 2 PERSONEN
2 Orangen
2 Äpfel
100 g Getreideflocken
200 g Magermilchjoghurt (0,1 % Fett)
2 Zweige Zitronenmelisse

ZUBEREITUNG: ca. 15 Min.

1. 1 Orange auspressen. Die Äpfel schälen, das Kerngehäuse ausstechen und das Fruchtfleisch grob raspeln. Mit Getreideflocken, Joghurt und dem Orangensaft verrühren.

2. 1 Orange dick schälen, dabei die weiße Haut vollständig entfernen. Die Fruchtfilets zwischen den Trennhäutchen herauslösen, dabei den Saft auffangen. Die Filets und den Saft unter die Joghurtcreme heben.

3. Das Müsli portionsweise anrichten und mit Zitronenmelisse garnieren.

Nährwerte pro Portion:

315 kcal • **12 g** Eiweiß • **4 g** Fett • **55 g** Kohlenhydrate • **6 g** Ballaststoffe

Beerensalat

FÜR 2 PERSONEN
300 g Erdbeeren (frisch oder tiefgekühlt)
100 ml Orangensaft
2 Kiwi
1 Päckchen Vanillezucker

ZUBEREITUNG: ca. 15 Min.

1. Die Erdbeeren behutsam waschen, trockentupfen und entstielen. Je nach Größe halbieren oder vierteln. Tiefgekühlte Früchte im Orangensaft bei schwacher Hitze auftauen lassen.

2. Die Kiwis schälen und in Scheiben schneiden. Mit den Beeren, dem Orangensaft und Vanillezucker mischen.

ZARTE FRÜCHTCHEN

Frische Beeren nie im Wasser liegen lassen. Sie verlieren schnell Aroma und Vitalstoffe.

Nährwerte pro Portion:

120 kcal • **3 g** Eiweiß • **1 g** Fett • **21 g** Kohlenhydrate • **13 g** Ballaststoffe

Apfel-Bananen-Creme

FÜR 4 PERSONEN
1 Apfel
1 Banane
100 g Frischkäse (5 % Fett)
2 TL Zitronensaft
1 Päckchen Vanillezucker
4 große Vollkornbrötchen

ZUBEREITUNG: ca. 10 Min.

1. Den Apfel schälen, vierteln und das Kerngehäuse entfernen. Die Viertel in Scheiben schneiden. Die Banane schälen und in Scheiben schneiden.

2. Die Fruchtstücke im Mixer oder mit dem Zauberstab pürieren. Frischkäse, Zitronensaft und Vanillezucker unterquirlen.

3. Die Brötchen halbieren. Die Fruchtcreme darauf verstreichen.

VARIANTE

Lust auf ein anderes Aroma? Für eine Mangocreme den Apfel gegen 1 kleine Mango tauschen.

TIPP

Bereiten Sie die Creme immer frisch zu. Sie wird schnell braun.

Nährwerte pro Portion:

260 kcal • **10 g** Eiweiß • **4 g** Fett • **45 g** Kohlenhydrate • **6 g** Ballaststoffe

Hausgemachtes Pflaumenmus

FÜR 2 PERSONEN
60 g entsteinte Trockenpflaumen
3 EL Orangensaft
1 Banane
1 Päckchen Vanillezucker
Zimt, gemahlene Gewürznelken
2 große Vollkornbrötchen
2 EL Frischkäse (5 % Fett)
1 EL Pistazien

ZUBEREITUNG: ca. 10 Min.
QUELLZEIT: ca. 8 Std.

1. Die Trockenpflaumen klein schneiden und mit Orangensaft mischen. Mindestens 8 Std. oder über Nacht quellen lassen.

2. Die Banane schälen und halbieren. 1 Hälfte mit den Pflaumen pürieren. Den Vanillezucker unterrühren und das Fruchtmus mit Zimt und Nelken würzen.

3. Die Brötchen halbieren. Die Hälften mit Frischkäse und großzügig mit dem Pflaumenmus bestreichen. Die restliche Banane in Scheiben schneiden und darauf verteilen. Mit Pistazien bestreuen.

TIPP

Verwenden Sie nur 100-prozentigen Orangensaft. Orangennektar und besonders Orangenfruchtsaftgetränk enthalten viel Wasser und Zucker, aber weit weniger Vitamine als reiner Fruchtsaft.

Nährwerte pro Portion:

395 kcal • **12 g** Eiweiß • **7 g** Fett • **68 g** Kohlenhydrate • **10 g** Ballaststoffe

Schinken-Sandwich mit Frucht

FÜR 2 PERSONEN
4 kleine Blätter Radicchio
6 Scheiben Vollkorntoast
4 EL Frischkäse (5 % Fett)
4 Scheiben gekochter Schinken
1 Banane
1 Kiwi
mildes Currypulver

ZUBEREITUNG: ca. 10 Min.

1. Den Radicchio waschen und trockenschleudern. Die Toasts rösten. 4 Toasts mit Frischkäse bestreichen. Mit je 1 Radicchioblatt und 1 Scheibe Schinken belegen.

2. Die Banane und Kiwi schälen und in Scheiben schneiden. Die Früchte auf dem Schinken verteilen. Mit Curry bestäuben.

3. Je 2 Sandwiches übereinander stapeln und mit je 1 Scheibe Toast abdecken.

VARIANTE

Statt Schinken schmecken auch dünne Mozzarellascheiben als Belag lecker.

Nährwerte pro Portion:

270 kcal • **12 g** Eiweiß • **5 g** Fett • **43 g** Kohlenhydrate • **6 g** Ballaststoffe

Geflügelbrötchen mit Mango

FÜR 4 PERSONEN
400 g Putenbrustfilet
Jodsalz, Pfeffer
2 EL Olivenöl
1 Kopf Mini-Romana
1 Mango (600 g)
200 g Frischkäse (5 % Fett)
1 EL frisch gehackter Ingwer
100 g Rosinen
40 g gehackte Mandeln
4 Baguettebrötchen

ZUBEREITUNG: ca. 15 Min.

1. Das Fleisch waschen, trockentupfen und mit Salz und Pfeffer würzen. Das Öl in einer beschichteten Pfanne erhitzen und das Filet darin von jeder Seite 2 Min. braten. Herausnehmen und in 5 mm dicke Scheiben schneiden.

2. Den Salat mundgerecht zerteilen, waschen und trockenschleudern. Die Mango schälen, das Fruchtfleisch vom Stein lösen und in 5 mm dicke Scheiben schneiden. 150 g Frischkäse mit Ingwer, Rosinen und Mandeln verrühren.

3. Die Brötchen halbieren. Die Hälften mit 50 g Frischkäse bestreichen. Die Böden mit Salatblättern, Mango- und Filetscheiben belegen. Die Frischkäsecreme darauf verteilen und die Brötchendeckel auflegen.

Nährwerte pro Portion:

560 kcal • **38 g** Eiweiß • **15 g** Fett • **65 g** Kohlenhydrate • **7 g** Ballaststoffe

Tomaten-Thunfisch-Baguette

FÜR 2 PERSONEN

1 rote Paprikaschote
3 Tomaten (200 g)
50 g Thunfisch naturell (aus der Dose)
1 TL Olivenöl
2 Knoblauchzehen
Jodsalz, Pfeffer
2 große Baguettebrötchen
1 Bund Basilikum

ZUBEREITUNG: ca. 10 Min.

1. Die Paprika waschen, halbieren, putzen und in breite Streifen schneiden.

2. Die Stielansätze der Tomaten entfernen. Die Tomaten kurz überbrühen, häuten und in kleine Würfel schneiden. Den Thunfisch abtropfen lassen und mit einer Gabel zerpflücken.

3. Das Öl erhitzen. Den Knoblauch abziehen und ins Öl pressen. Die Tomatenwürfel einrühren und beides bei schwacher Hitze 3 Min. dünsten. Den Thunfisch unterrühren und 2 Min. erhitzen. Die Sauce mit Salz und Pfeffer würzen.

4. Die Brötchen halbieren. Die Böden mit der Tomatensauce bestreichen und mit den Paprikastreifen belegen. Das Basilikum abzupfen und die Blättchen über die Paprika streuen. Die Brötchendeckel auflegen.

VARIANTE

Statt der Tomaten 1 fein gewürfelten Zucchino dünsten. Den Thunfisch durch 50 g in feine Streifen geschnittenen Räucherlachs ersetzen. Diesen nur 1 Min. garen.

Nährwerte pro Portion:

295 kcal • **14 g** Eiweiß • **5 g** Fett • **48 g** Kohlenhydrate • **6 g** Ballaststoffe

Schinkenbrot mit Paprika

FÜR 2 PERSONEN

1 große gelbe Paprikaschote
4 Frühlingszwiebeln
2 Knoblauchzehen
1 EL Olivenöl
Jodsalz, Pfeffer
2 große Scheiben Vollkornbrot
2 EL Frischkäse (5 % Fett)
150 g gekochter Schinken
1/2 Bund Petersilie

ZUBEREITUNG: ca. 15 Min.

1. Die Paprika waschen, halbieren, putzen und in schmale Streifen schneiden. Die Frühlingszwiebeln waschen, putzen und in feine Ringe schneiden. Den Knoblauch abziehen und fein hacken.

2. Das Öl erhitzen. Die Paprikastreifen, Frühlingszwiebeln und den Knoblauch ca. 2 Min. darin dünsten. Mit Salz und Pfeffer würzen, abkühlen lassen.

3. Die Brote mit Frischkäse bestreichen und mit Schinken belegen. Das Gemüse darauf verteilen. Die Petersilie waschen, trockenschütteln und fein hacken. Über die Brote streuen.

BUNTE VITAMINE

Rote und gelbe Paprikaschoten enthalten weit mehr Vitamin C als grüne, weil sie voll ausgereift sind.

Nährwerte pro Portion:

320 kcal • **23 g** Eiweiß • **10 g** Fett • **33 g** Kohlenhydrate • **10 g** Ballaststoffe

Maiscreme

FÜR 2 PERSONEN
200 g Maiskörner (aus der Dose)
100 g Frischkäse (5 % Fett)
1 Kästchen Kresse
Jodsalz, Pfeffer

ZUBEREITUNG ca. 15 Min.

1. Den Mais kalt abspülen und abtropfen lassen. Mit dem Frischkäse im Mixer oder mit dem Zauberstab cremig pürieren.

2. Die Kresseblättchen waschen und gut abtropfen lassen. Hacken und unter die Maiscreme rühren. Mit Salz und Pfeffer abschmecken.

VARIANTE

Für einen Tomatenaufstrich pürieren Sie statt Mais 200 g stückige Tomaten aus dem Tetrapack mit dem Frischkäse.

Nährwerte pro Portion:

125 kcal • **9 g** Eiweiß • **4 g** Fett • **14 g** Kohlenhydrate • **3 g** Ballaststoffe

Linsen-Nuss-Aufstrich

FÜR 2 PERSONEN
8 EL rote Linsen (80 g)
300 ml Gemüsebrühe
3 Zwiebeln
2 Knoblauchzehen
4 EL gemahlene Walnüsse
2 EL Apfelessig
Jodsalz

ZUBEREITUNG: ca. 20 Min.

1. Die Linsen mit der Gemüsebrühe aufkochen. Ca. 15 Min. köcheln lassen, bis sie zerfallen. Dabei gelegentlich umrühren.

2. Zwiebeln und Knoblauch abziehen und fein hacken. Mit den Walnüssen und Linsen im Mixer oder mit dem Zauberstab cremig pürieren. Die Creme mit Essig und Salz abschmecken.

TIPP

Bereiten Sie diesen Aufstrich gleich in doppelter Menge zu. In Schraubgläser gefüllt bleibt er im Kühlschrank etwa 1 Woche frisch.

Nährwerte pro Portion:

150 kcal • **8 g** Eiweiß • **6 g** Fett • **14 g** Kohlenhydrate • **4 g** Ballaststoffe

Kartoffelcreme

FÜR 4 PERSONEN
300 g mehlig kochende Kartoffeln
Jodsalz
1 Zwiebel
1 Möhre (125 g)
1 EL Olivenöl
1 EL Ajvar (Paprikapüree)
Pfeffer, Muskatnuss

ZUBEREITUNG: ca. 40 Min.

1. Die Kartoffeln waschen und in Salzwasser zugedeckt 30 Min. kochen.

2. Die Zwiebel abziehen und sehr fein hacken. Die Möhre putzen, dünn schälen und in feine Scheiben schneiden. Beides in Salzwasser bei schwacher Hitze in 8–10 Min. weich dünsten.

3. Die Kartoffeln abgießen, ausdampfen lassen und pellen. Mit dem Gemüse durch eine Kartoffelpresse drücken. Die Creme mit Öl und Ajvar verrühren. Mit Salz, Pfeffer und Muskatnuss würzen.

VIELSEITIG

Die Creme schmeckt als pikanter Aufstrich oder als Dip zu Paprikastreifen, Möhren- oder Zucchinistiften.

Nährwerte pro Portion:

85 kcal • **2 g** Eiweiß • **3 g** Fett • **12 g** Kohlenhydrate • **3 g** Ballaststoffe

Beeren-Vanille-Milch

FÜR 2 GLÄSER

300 g gemischte Beeren (frisch oder tiefgekühlt)
300 ml fettarme Milch (1,5 % Fett)
2 Päckchen Vanillezucker
4 EL Schmelzflocken

ZUBEREITUNG: ca. 5 Min.

1. Die Beeren behutsam waschen, abtropfen lassen und putzen. Tiefgekühlte Früchte kurz antauen lassen. 2 schöne Beeren beiseite legen.

2. Die Beeren mit Milch, Vanillezucker und Schmelzflocken im Mixer oder mit dem Zauberstab fein pürieren.

3. Den Drink in zwei hohe Gläser füllen und je 1 Beere an den Rand stecken.

TIPP

Rühren Sie 2 EL Sanddornsaft in die Milch. Der Drink wird so vitaminreicher und schmeckt frischer.

Nährwerte pro Portion:

185 kcal • **9 g** Eiweiß • **5 g** Fett • **39 g** Kohlenhydrate • **9 g** Ballaststoffe

Pikanter Buttermilchdrink

FÜR 2 GLÄSER

1 Bund Schnittlauch
300 ml Buttermilch
4 EL Schmelzflocken
Jodsalz, Pfeffer, Tabasco

ZUBEREITUNG: ca. 5 Min.

1. Den Schnittlauch waschen, trockenschütteln und fein schneiden. 1 TL Röllchen beiseite legen. Die restlichen mit Buttermilch und Flocken verquirlen.

2. Den Drink mit Salz, Pfeffer und Tabasco würzen und in zwei hohe Gläser füllen. Mit je 1/2 TL Schnittlauchröllchen bestreuen.

VARIANTE

Der Drink lässt sich beliebig abwandeln. Sie können ihn auch mit Joghurt, Dickmilch oder Kefir zubereiten. Und die Kräuter wählen Sie ganz nach Geschmack und Saison.

Nährwerte pro Portion:

70 kcal • **7 g** Eiweiß • **2 g** Fett • **18 g** Kohlenhydrate • **2 g** Ballaststoffe

Bananen-Trauben-Cocktail

FÜR 2 GLÄSER
1 Banane
400 ml heller Traubensaft
50 g Magermilchjoghurt (0,1 % Fett)
2 TL Mandelmus

ZUBEREITUNG: ca. 5 Min.

1. Die Banane schälen und in Scheiben schneiden. 2 Scheiben beiseite legen. Die restlichen mit Traubensaft, Joghurt und Mandelmus im Mixer oder mit dem Zauberstab fein pürieren.

2. Den Cocktail in zwei hohe Gläser füllen und je 1 Bananenscheibe an den Rand stecken.

TIPP

Sie vertragen keine Milch oder Milchprodukte? Bereiten Sie den Drink einfach mit Sojamilch oder Sojacreme (Reformhaus oder Supermarkt) zu.

Nährwerte pro Portion:

230 kcal • **4 g** Eiweiß • **3 g** Fett • **43 g** Kohlenhydrate • **1 g** Ballaststoffe

Vitalstoff-Mix

FÜR 2 GLÄSER
3 Kiwis
200 ml Möhrensaft
100 ml Ananassaft
3 EL Schmelzflocken
2 EL Mandelmus

ZUBEREITUNG: ca. 5 Min.

1. Die Kiwis schälen. Das Fruchtfleisch mit Möhrensaft, Ananassaft, Schmelzflocken und Mandelmus im Mixer oder mit dem Zauberstab fein pürieren.

2. Den Drink in zwei hohe Gläser füllen und sofort servieren.

TIPP

Im Möhrensaft steckt viel fettlösliches Beta-Karotin. Es kann vom Körper jedoch nur in Verbindung mit etwas Fett optimal verwertet werden. Fettlieferant ist hier das Mandelmus.

Nährwerte pro Portion:

170 kcal • **7 g** Eiweiß • **7 g** Fett • **29 g** Kohlenhydrate • **6 g** Ballaststoffe

Champignon-Feldsalat

FÜR 2 PERSONEN
100 g Feldsalat
300 g Champignons
2 EL Zitronensaft
10 Radieschen
4 EL Apfelessig
2 EL Walnussöl
Jodsalz, Pfeffer
1 Bund Schnittlauch
2 Scheiben Vollkornbrot

ZUBEREITUNG: ca. 20 Min.

1. Den Feldsalat sorgfältig waschen, putzen und trockenschleudern. Die Champignons trocken abreiben, putzen und in Scheiben schneiden. Sofort mit Zitronensaft beträufeln.
2. Die Radieschen waschen, putzen und in Scheiben schneiden. Mit den Pilzen unter den Feldsalat heben.
3. Aus Essig, Öl, Salz und Pfeffer eine Vinaigrette rühren. Den Schnittlauch waschen, trockenschütteln und in feine Ringe schneiden. Den Salat mit der Vinaigrette beträufeln und mit dem Schnittlauch bestreuen. Behutsam mischen.
4. Den Salat portionsweise anrichten und mit je 1 Scheibe Brot servieren.

TIPP

Dieser Salat ist ideal für den Winter. Champignons liefern Vitamin D, das der Körper nur bei ausreichend Sonnenschein herstellen kann – im Winter oft ein Mangelvitamin. Die Radieschen können Sie in der kalten Jahreszeit auch gegen Gewürzgurken austauschen.

VARIANTE

Für den klassischen Feldsalat bereiten Sie die Vinaigrette aus 2 EL Olivenöl, 3 EL Aceto balsamico, 1 fein gehackten Knoblauchzehe, Salz und Pfeffer zu. Die Vinaigrette über 100 g Feldsalat träufeln. Mischen und den Salat mit je 1 EL gerösteten Pinienkernen und geriebenem Parmesan bestreuen.

Nährwerte pro Portion:

215 kcal • **9 g** Eiweiß • **11 g** Fett • **20 g** Kohlenhydrate • **10 g** Ballaststoffe

Rauke-Tomaten-Salat

FÜR 2 PERSONEN
1 Bund Rauke
2 Tomaten
1 EL Zitronensaft
1 EL Olivenöl
Jodsalz, Pfeffer
50 g Schafkäse
30 g Frischkäse (5 % Fett)
1 kleine Knoblauchzehe
Cayennepfeffer
4 Scheiben Vollkorntoast
ZUBEREITUNG: ca. 20 Min.

1. Den Salat waschen, mundgerecht zerteilen und trockenschleudern. Die Tomaten waschen und die Stielansätze entfernen. Die Tomaten in kleine Stücke schneiden. Mit dem Salat mischen.

2. Aus Zitronensaft, Öl, Salz und Pfeffer eine Vinaigrette rühren und über den Salat träufeln.

3. Den Schafkäse mit Frischkäse verrühren. Den Knoblauch abziehen und dazupressen. Die Käsemasse mit Salz und Cayennepfeffer würzen. Mit zwei Teelöffeln Nocken abstechen und auf den Salat setzen. Die Toasts rösten und zum Salat servieren.

GUT VERPACKT

Wollen Sie den Salat mit zur Arbeit nehmen? Dann verrühren Sie den Schafkäse statt mit Frischkäse mit 50 g Magermilchjoghurt und der Vinaigrette. Dressing und Salat lassen sich in verschließbaren Gefäßen problemlos transportieren. Das Dressing kurz vor dem Servieren über den Salat träufeln.

Nährwerte pro Portion:

245 kcal • **11 g** Eiweiß • **12 g** Fett • **21 g** Kohlenhydrate • **4 g** Ballaststoffe

Milder Heringssalat

FÜR 2 PERSONEN
2 Matjesfilets
200 g Kartoffeln
1 kleine gekochte Rote Bete (150 g)
2 Äpfel
2 Gewürzgurken
200 g Magermilchjoghurt (0,1 % Fett)
1 EL Walnussöl
Jodsalz, Pfeffer, gemahlener Anis
1/2 Bund Schnittlauch
ZUBEREITUNG: ca. 35 Min.
RUHEZEIT: ca. 2 Std.

1. Die Matjes ca. 2 Std. wässern. Herausnehmen, trockentupfen und in Stücke schneiden. Die Kartoffeln waschen und in reichlich Wasser zugedeckt 20 Min. kochen. Abgießen und auskühlen lassen.

2. Inzwischen die Rote Bete abtropfen lassen und in kleine Würfel schneiden. Die Äpfel schälen, vierteln und das Kerngehäuse entfernen. Mit den Gewürzgurken in Würfel schneiden.

3. Den Joghurt mit Öl verrühren. Mit Salz, Pfeffer und Anis würzen. Den Schnittlauch waschen, trockenschütteln und in feine Ringe schneiden.

4. Die Kartoffeln pellen und in Würfel schneiden. Matjes, Kartoffel-, Rote-Bete-, Apfel- und Gurkenwürfel, Dressing und Schnittlauch mischen.

VARIANTE

Die Kartoffeln können Sie auch durch Weißkohl ersetzen. Dafür 1/4 Kopf Weißkohl putzen und die Blätter in Streifen schneiden. 5 Min. in kochendem Salzwasser garen. Abtropfen lassen und unter den Salat mischen.

Nährwerte pro Portion:

330 kcal • **23 g** Eiweiß • **10 g** Fett • **35 g** Kohlenhydrate • **6 g** Ballaststoffe

Kartoffel-Kräuter-Salat

FÜR 2 PERSONEN
400 g fest kochende Kartoffeln
1 kleine Zwiebel (30 g)
1 EL Apfelessig
1/2 EL mittelscharfer Senf
Jodsalz, Pfeffer
50 g getrocknete Tomaten in Öl
3 EL Gemüsebrühe
1 Kopf Radicchio
1/2 Bund Schnittlauch
1/2 Bund Basilikum

ZUBEREITUNG: ca. 45 Min.
MARINIERZEIT: ca. 1 Std.

1. Die Kartoffeln waschen und in reichlich Wasser zugedeckt ca. 25 Min. kochen. Abgießen, ausdampfen lassen, pellen und in Scheiben schneiden.

2. Die Zwiebel abziehen und fein hacken. Mit Essig und Senf verrühren, mit Salz und Pfeffer würzen.

3. Die Tomaten abtropfen lassen. Dabei 1 EL Öl auffangen. Die Tomaten in Streifen schneiden. Mit dem aufgefangenen Öl und der Gemüsebrühe unter die Senfsauce rühren. Das Dressing über die Kartoffeln träufeln, mischen und ca. 1 Std. durchziehen lassen.

4. Den Radicchio waschen, mundgerecht zerteilen und trockenschleudern. Den Schnittlauch waschen und trockenschütteln. Mit dem Basilikum fein schneiden. Die Kräuter und den Radicchio unter die Kartoffeln heben. Den Salat mit Salz und Pfeffer abschmecken.

TIPP

Wollen Sie den Salat nicht gleich servieren oder für die Mittagspause mitnehmen, lassen Sie den Radicchio lieber weg. Er wird mit der Zeit schlaff und unansehlich.

Nährwerte pro Portion:

240 kcal • **5 g** Eiweiß • **10 g** Fett • **31 g** Kohlenhydrate • **6 g** Ballaststoffe

Weißer Bohnensalat

FÜR 2 PERONEN
100 g weiße Bohnen
1 Zwiebel (40 g)
1/2 Bund Basilikum
1 EL Zitronensaft
1 EL Weinessig
Jodsalz, Pfeffer
2 EL Walnussöl
5 entsteinte schwarze Oliven

ZUBEREITUNG: ca. 45 Min.
QUELLZEIT: ca. 8 Std.

1. Die Bohnen mindestens 8 Std. oder über Nacht in reichlich Wasser einweichen. Abgießen. Die Bohnen in reichlich Wasser aufkochen und bei schwacher Hitze ca. 45 Min. garen.

2. Die Zwiebel abziehen und in Ringe schneiden. Das Basilikum fein schneiden. Den Zitronensaft mit Essig, Salz und Pfeffer verquirlen. Das Öl unterrühren, kräftig abschmecken. Zwiebelringe, Basilikum und Oliven untermischen.

3. Die Bohnen abgießen und abtropfen lassen. Noch warm mit dem Dressing mischen.

VARIANTE

Im Handumdrehen wird aus dem Bohnen- ein Tomatensalat: Statt der Bohnen 4 Tomaten waschen, die Stielansätze entfernen und das Fruchtfleisch in Spalten schneiden. Den Salat wie beschrieben zubereiten.

Nährwerte pro Portion:

270 kcal • **13 g** Eiweiß • **12 g** Fett • **27 g** Kohlenhydrate • **14 g** Ballaststoffe

Forellensalat mit Croûtons

FÜR 4 PERSONEN

2 dünne Scheiben Vollkornbrot
1 Kopf Romanasalat (250 g)
3 EL Zitronensaft
Jodsalz, Pfeffer
1 EL Walnussöl
1/2 Bund Schnittlauch
150 g Frischkäse (5 % Fett)
5 EL Gemüsebrühe
1 EL Meerrettich (aus dem Glas)
4 geräucherte Forellenfilets (300 g)

ZUBEREITUNG: ca. 15 Min.

1. Das Vollkornbrot rösten und in Würfel schneiden.
2. Den Salat waschen, mundgerecht zerteilen und trockenschleudern. 2 EL Zitronensaft mit Salz, Pfeffer und Öl verquirlen. Den Salat darin wenden.
3. Den Schnittlauch waschen, trockenschütteln und sehr fein schneiden. Mit Frischkäse, Brühe, 1 EL Zitronensaft und Meerrettich verrühren. Das Dressing mit Salz und Pfeffer würzen.
4. Die Forellenfilets mit dem Dressing und dem Romanasalat servieren. Mit den Croûtons bestreuen.

WERTVOLLES GRÜN

Romanasalat besticht gegenüber anderen Blattsalaten durch reichlich Folsäure. Dieses sehr hitzeempfindliche Vitamin erfüllt im Körper lebenswichtige Aufgaben: Es beugt beispielsweise Herz- und Gefäßschäden vor. Besonders wichtig ist es für Frauen in den ersten Wochen der Schwangerschaft.

Nährwerte pro Portion:

215 kcal • **24 g** Eiweiß • **8 g** Fett • **12 g** Kohlenhydrate • **3 g** Ballaststoffe

Batavia-Hähnchen-Salat

FÜR 4 PERSONEN

400 g Putenbrustfilet
400 ml Geflügelbrühe
1 Kopf Batavia
1 kleiner Zucchino (100 g)
200 g Champignons
1/2 Bund Petersilie
2 EL Walnussöl
150 g Magermilchjoghurt (0,1 % Fett)
Jodsalz, Pfeffer, mildes Currypulver

ZUBEREITUNG: ca. 35 Min.

1. Das Fleisch waschen und trockentupfen. Die Brühe erhitzen und das Filet darin bei schwacher Hitze 15 Min. garen.
2. Den Salat waschen, mundgerecht zerteilen und trockenschleudern. Zucchino waschen, putzen und in Würfel schneiden. Pilze trocken abreiben, putzen und in Scheiben schneiden. Mit dem Salat und den Zucchiniwürfeln mischen.
3. Das Fleisch aus der Brühe nehmen und in Streifen schneiden. Noch warm unter den Salat heben.
4. Die Petersilie waschen, trockenschütteln und die Blätter fein hacken. Mit 4 EL Kochsud, Öl und Joghurt verrühren. Das Dressing mit Salz, Pfeffer und Currypulver würzen. Über den Salat träufeln. Vor dem Servieren kurz durchziehen lassen.

Nährwerte pro Portion:

200 kcal • **30 g** Eiweiß • **7 g** Fett • **4 g** Kohlenhydrate • **2 g** Ballaststoffe

Krabben-Spargel-Salat

FÜR 2 PERSONEN

500 g weißer Spargel
Jodsalz
2 Frühlingszwiebeln
1 unbehandelte Zitrone
150 g Krabben (vorgekocht)
Pfeffer
1 Bund Dill
4 EL Magermilchjoghurt (0,1 % Fett)
1 Prise Kurkuma

ZUBEREITUNG: ca. 25 Min.

1. Den Spargel waschen, sorgfältig schälen und holzige Endstücke abschneiden. Die Stangen in reichlich Salzwasser bei schwacher Hitze ca. 20 Min. garen. Abtropfen lassen und in kurze Stücke schneiden.
2. Die Frühlingszwiebeln waschen, putzen und in dünne Scheiben schneiden. Die Zitrone heiß abwaschen. Die Schale sehr dünn abreiben, die Frucht auspressen.
3. Die Spargelstücke mit den Frühlingszwiebeln, der Zitronenschale und den Krabben mischen. Mit Zitronensaft, Salz und Pfeffer würzen.
4. Den Dill waschen, trockenschütteln und fein hacken. Mit Joghurt und Kurkuma verrühren. Das Dressing über den Salat träufeln.

VARIANTE

Außerhalb der Spargelsaison schmeckt der Salat mit 400 g Spargel aus dem Glas. Für einen Kartoffel-Krabben-Salat 300 g fest kochende Kartoffeln waschen, schälen und bei schwacher Hitze ca. 25 Min. garen. Wie beschrieben fortfahren.

Nährwerte pro Portion:

120 kcal • **19 g** Eiweiß • **2 g** Fett • **6 g** Kohlenhydrate • **3 g** Ballaststoffe

Warmer Hirsesalat

FÜR 2 PERSONEN

75 g Hirse
Jodsalz, Pfeffer
je 1 gelbe, rote und grüne Paprikaschote
1 Bund Petersilie
3 Zweige Thymian
100 g Tomatenpüree (Fertigprodukt)
2 EL Ajvar (Paprikapüree)
1 Knoblauchzehe

ZUBEREITUNG: ca. 35 Min.

1. Die Hirse in 200 ml kochendes Salzwasser einstreuen und zugedeckt bei schwacher Hitze ca. 25 Min. quellen lassen.

2. Inzwischen die Paprika waschen, halbieren, putzen und in Würfel schneiden. Nach 15 Min. Garzeit zur Hirse geben.

3. Petersilie und Thymian waschen, trockenschütteln und die Blätter hacken. Mit Tomatenpüree und Ajvar verrühren. Den Knoblauch abziehen und dazupressen.

4. Die Paprika-Hirse mit dem Tomatendressing mischen. Mit Salz und Pfeffer kräftig abschmecken.

TIPP

Hirse enthält viel Blut bildendes Eisen. Vitamin-C-reiches Gemüse wie Paprika unterstützt den Körper dabei, dieses Eisen optimal zu verwerten. Der Salat schmeckt auch mit Fenchelstreifen, Brokkoliröschen oder Kohlrabiwürfeln, die ebenfalls viel Vitamin C enthalten.

Nährwerte pro Portion:

180 kcal • **7 g** Eiweiß • **2 g** Fett • **32 g** Kohlenhydrate • **14 g** Ballaststoffe

Grüner Kräutersalat

FÜR 4 PERSONEN

250 g mehlig kochende Kartoffeln
Jodsalz
125 ml Gemüsebrühe
2 EL Apfelessig
1 EL mittelscharfer Senf
Pfeffer
2 EL Walnussöl
2 EL Kapern
1 großer Kopf Lollo rosso
2 große Tomaten (200 g)
50 g Walnusskerne
1 Bund Petersilie
1/4 Bund Minze

ZUBEREITUNG: ca. 40 Min.

1. Die Kartoffeln waschen und in Salzwasser zugedeckt ca. 20 Min. kochen. Abgießen, ausdampfen lassen, pellen und durch die Kartoffelpresse drücken. Den Kartoffelschnee abkühlen lassen. Mit Brühe, Essig, Senf, Salz, Pfeffer, Öl und Kapern verrühren.

2. Den Salat waschen, mundgerecht zerteilen und trockenschleudern. Die Tomaten waschen, die Stielansätze entfernen und das Fruchtfleisch in Achtel schneiden. Auf dem Salat verteilen. Die Nüsse hacken.

3. Die Petersilie und Minze waschen, trockenschütteln und hacken. Unter das Kartoffeldressing rühren. Den Salat mit dem Dressing beträufeln und mit den Walnüssen bestreuen.

TIPP

Verwenden Sie für Salate Öle mit vielen mehrfach ungesättigten Fettsäuren. Zum Beispiel Walnussöl, aber auch Soja-, Distel- oder Maiskeimöl. Wählen Sie ganz nach Geschmack.

Nährwerte pro Portion:

190 kcal • **5 g** Eiweiß • **14 g** Fett • **13 g** Kohlenhydrate • **4 g** Ballaststoffe

Chicoréesalat

FÜR 2 PERSONEN

6 Walnusskerne
1 große Chicoréestaude (150 g)
1 kleiner Zucchino (100 g)
1 große Tomate (100 g)
1/2 Bund Schnittlauch
4 EL Magermilchjoghurt (0,1 % Fett)
1/2 TL Zitronensaft
2 EL Apfelsaft
Jodsalz, Pfeffer
2 Scheiben Vollkorntoast

ZUBEREITUNG: ca. 15 Min.

1. Die Nüsse grob hacken und in einer beschichteten Pfanne ohne Fett goldgelb rösten. Die Chicoréestaude waschen, die äußeren Blätter ablösen und den Strunk abschneiden. Den Zucchino waschen und putzen. Chicorée und Zucchino in Scheiben schneiden. Die Tomate waschen, den Stielansatz entfernen und achteln.

2. Den Schnittlauch waschen, trockenschütteln und sehr fein schneiden. Mit Joghurt, Zitronensaft und Apfelsaft verrühren, mit Salz und Pfeffer würzen.

3. Das Dressing über die Chicorée- und Zucchinischeiben und die Tomaten träufeln. Mischen. Den Salat auf zwei Teller verteilen und mit den Nüssen bestreuen. Die Toasts rösten und dazu servieren.

TIPP

Greifen Sie lieber zu kleinen Zucchini als zu großen. Sie enthalten weniger Wasser, aber mehr Aroma.

Nährwerte pro Portion:

135 kcal • 6 g Eiweiß • 5 g Fett • 16 g Kohlenhydrate • 3 g Ballaststoffe

Nudelsalat mit Räucherlachs

FÜR 2 PERSONEN

150 g Spiralnudeln
Jodsalz
100 g Räucherlachs
1 kleiner Zucchino (75 g)
1/2 Bund Dill
1 EL Salatcreme (Fertigprodukt)
50 g Frischkäse (5 % Fett)
1 EL Meerrettich (aus dem Glas)
1 EL Apfelessig
Pfeffer

ZUBEREITUNG: ca. 20 Min.

1. Die Nudeln nach Packungsangabe in kochendem Salzwasser bissfest garen. Abgießen und abtropfen lassen. Abkühlen lassen.

2. Den Räucherlachs in feine Streifen schneiden. Den Zucchino waschen, putzen und in Stifte schneiden. Lachsstreifen, Zucchinistifte und Nudeln mischen.

3. Den Dill waschen, trockenschütteln und fein hacken. Die Salatcreme mit Frischkäse, Meerrettich, Essig und dem Dill verrühren. Mit Salz und Pfeffer würzen. Das Dressing über den Salat träufeln, mischen und 5 Min. durchziehen lassen.

TIPP

Wer keinen Fisch mag, tauscht in diesem Salat den Räucherlachs gegen eine kleine rote Paprikaschote ein. Diese waschen, putzen, in dünne Streifen schneiden und kurz blanchieren. Das Dressing dann mit Paprikapüree (Ajvar) statt mit Meerrettich würzen.

Nährwerte pro Portion:

455 kcal • 27 g Eiweiß • 14 g Fett • 55 g Kohlenhydrate • 4 g Ballaststoffe

Fruchtiger Selleriesalat

FÜR 4 PERSONEN
50 g Kürbiskerne
1 Staudensellerie (400 g)
2 Orangen
1 Birne
300 g Magermilchjoghurt (0,1 % Fett)

ZUBEREITUNG: ca. 25 Min.

1. Die Kürbiskerne hacken und in einer beschichteten Pfanne ohne Fett bei schwacher Hitze goldgelb rösten. Den Staudensellerie zerteilen. Die Stangen waschen, harte Fäden abziehen und den Sellerie in dünne Scheiben schneiden.
2. Die Orangen dick schälen. Dabei die weiße Haut mit entfernen. Die Fruchtfilets zwischen den Trennhäutchen herauslösen, dabei 3 EL Saft auffangen. Die Birne schälen, halbieren und das Kerngehäuse entfernen. Die Hälften in Spalten schneiden. Birnenspalten, Orangenfilets und Sellerie mischen.
3. Den Joghurt mit dem Orangensaft verrühren. Das Dressing über den Salat träufeln. Mit den Kürbiskernen bestreut servieren.

VARIANTE

Tauschen Sie die Orangen und die Birne gegen 1/4 Ananas und 1 Apfel. Die Ananas schälen, vom Strunk befreien und in Scheiben schneiden. Den Apfel schälen, halbieren, das Kerngehäuse entfernen und die Apfelhälften in Spalten schneiden.

Nährwerte pro Portion:

160 kcal • **8 g** Eiweiß • **6 g** Fett • **17 g** Kohlenhydrate • **6 g** Ballaststoffe

Zucchini und Möhren

FÜR 4 PERSONEN
200 g junge Möhren
200 g Zucchini
4 Zweige Rosmarin
4 Zweige Thymian
100 ml Weißwein
100 ml Weißweinessig
1 EL Zucker
2 Knoblauchzehen
2 EL Olivenöl
Jodsalz, Pfeffer
1/2 Baguette (200 g)

ZUBEREITUNG: ca. 35 Min.
MARINIERZEIT: ca. 2 Tage

1. Die Möhren putzen und dünn schälen. Die Zucchini waschen und putzen. Beides in kurze Stifte schneiden.
2. Den Rosmarin und Thymian waschen und trockenschütteln. Mit dem Wein, dem Essig, 150 ml Wasser, dem Zucker und dem Gemüse erhitzen.
3. Den Knoblauch abziehen und vierteln. Mit dem Öl unter das Gemüse rühren. Das Gemüse zugedeckt bei schwacher Hitze 10 Min. garen. Leicht abkühlen lassen und mit Salz und Pfeffer würzen. Zugedeckt ca. 2 Tage kühl stellen. Mit dem Baguette servieren.

VARIANTE

Auch Paprikaschoten, Fenchel oder Auberginen können Sie nach diesem Rezept einlegen. Variieren Sie dann die Kräuter: Zu Paprika passt Majoran, zum Fenchel Dill, und die Auberginen werden mit Minze besonders fein.

TIPP

In einem Schraubglas ist das eingelegte Gemüse 1 Woche haltbar.

Nährwerte pro Portion:

220 kcal • **5 g** Eiweiß • **6 g** Fett • **32 g** Kohlenhydrate • **4 g** Ballaststoffe

Erbsen-Petersilien-Suppe

FÜR 2 PERSONEN

100 ml fettarme Milch (1,5 % Fett)
Jodsalz, Pfeffer, Muskatnuss
3 EL Weizengrieß
1 Ei
1 Möhre (100 g)
1 kleine Petersilienwurzel
1 Bund Petersilie
1 EL Olivenöl
500 ml Gemüsebrühe
200 g tiefgekühlte Erbsen

ZUBEREITUNG: ca. 30 Min.

1. Die Milch aufkochen und mit Salz, Pfeffer und Muskatnuss würzen. Den Grieß einstreuen und rühren, bis sich die Masse vom Topfboden löst. Den Brei vom Herd nehmen und das Ei unterschlagen.

2. Die Möhre und Petersilienwurzel putzen, dünn schälen und in kleine Würfel schneiden. Die Petersilie waschen, trockenschütteln und sehr fein hacken.

3. Das Öl erhitzen und die Gemüsewürfel darin 2 Min. unter Rühren anbraten. Mit Brühe ablöschen. Die Erbsen einstreuen und mit Salz und Pfeffer würzen. Die Suppe zugedeckt bei mittlerer Hitze ca. 15 Min. sanft köcheln lassen.

4. Vom Grießbrei mit Teelöffeln Nocken abstechen. Während der letzten 10 Min. Garzeit in der Suppe ziehen lassen. Die Suppe mit Petersilie bestreut servieren.

FÜR DEN VORRAT

Dieses Süppchen können Sie gleich in größerer Menge kochen und einfrieren. Die Grießnocken bereiten Sie jeweils frisch zu und garen sie in der warmen Suppe.

Nährwerte pro Portion:

310 kcal • **20 g** Eiweiß • **10 g** Fett • **34 g** Kohlenhydrate • **11 g** Ballaststoffe

Gurkensuppe mit Lachs

FÜR 2 PERSONEN

1 Salatgurke (500 g)
1 große Zwiebel (50 g)
1 EL Rapsöl
500 ml Gemüsebrühe
100 g Räucherlachs
1 Bund Dill
100 g Frischkäse (5 % Fett)
Jodsalz, Pfeffer

ZUBEREITUNG: ca. 25 Min.

1. Die Gurke schälen und in Scheiben schneiden. Die Zwiebel abziehen und in schmale Ringe schneiden.

2. Das Öl erhitzen und die Zwiebel darin glasig dünsten. Die Gurke einrühren und bei schwacher Hitze 5 Min. mitgaren. Mit Brühe ablöschen und 5 Min. köcheln lassen. Die Suppe im Mixer oder mit dem Zauberstab fein pürieren.

3. Den Räucherlachs in feine Streifen schneiden. Den Dill waschen, trockenschütteln und hacken. Beides mit dem Frischkäse verrühren.

4. Die Suppe mit Salz und Pfeffer abschmecken und die Lachscreme darin schmelzen lassen.

VARIANTE

Bereiten Sie die Suppe statt mit Gurke mit 400 g Petersilienwurzeln oder Pastinaken zu. Mit Currypulver und gehackter Petersilie würzen.

Nährwerte pro Portion:

270 kcal • **21 g** Eiweiß • **16 g** Fett • **11 g** Kohlenhydrate • **3 g** Ballaststoffe

Tomatencremesuppe

FÜR 2 PERSONEN
100 g Zwiebeln
300 g Tomaten
1 kleiner Zucchino (100 g)
1 EL Olivenöl
200 ml Gemüsebrühe
50 g Frischkäse (5 % Fett)
5 Zweige Basilikum
Jodsalz, Pfeffer
1 TL mildes Currypulver

ZUBEREITUNG: ca. 35 Min.

1. Die Zwiebeln abziehen und hacken. Die Tomaten waschen, die Stielansätze entfernen und in Würfel schneiden. Den Zucchino waschen, putzen und in kleine Würfel schneiden.
2. Das Öl erhitzen und die Zwiebeln darin glasig dünsten. Die Tomatenwürfel einrühren und mit Brühe ablöschen. Zugedeckt bei schwacher Hitze 5 Min. köcheln lassen. Die Suppe mit dem Frischkäse im Mixer oder mit dem Zauberstab pürieren.
3. Die Zucchiniwürfel bei schwacher Hitze ca. 10 Min. in der Suppe garen, aber nicht kochen lassen. Das Basilikum fein schneiden. Die Suppe kräftig mit Salz, Pfeffer und Curry würzen und mit dem Basilikum bestreuen.

VARIANTE

Im Handumdrehen ist die Suppe mit Tomatenpüree (Fertigprodukt) zubereitet. Statt Zucchini erwärmen Sie dann Mais aus der Dose kurz in der Suppe.

Nährwerte pro Portion:

135 kcal • **7 g** Eiweiß • **7 g** Fett • **10 g** Kohlenhydrate • **3 g** Ballaststoffe

Kürbissuppe

FÜR 2 PERSONEN
450 g Kürbis
1 Möhre (100 g)
1 kleine Zwiebel (30 g)
1 EL Olivenöl
400 ml Geflügelbrühe
Jodsalz, Pfeffer, gemahlene Gewürznelken
2 EL Walnusskerne (20 g)
60 g Frischkäse (5 % Fett)

ZUBEREITUNG: ca. 1 Std.

1. Den Kürbis schälen, die Kerne herausschaben und das Fruchtfleisch in kleine Würfel schneiden. Die Möhre putzen, dünn schälen und in feine Scheiben schneiden. Die Zwiebel abziehen und fein hacken.
2. Das Öl erhitzen und die Zwiebel darin ca. 5 Min. glasig dünsten. Die Kürbiswürfel und Möhrenscheiben einrühren und 3 Min. mitgaren. Mit Brühe ablöschen und bei schwacher Hitze ca. 20 Min. kochen lassen.
3. Die Suppe im Mixer oder mit dem Zauberstab fein pürieren. Mit Salz, Pfeffer und Nelken würzen und nochmals erhitzen.
4. Die Nüsse grob hacken und in einer beschichteten Pfanne ohne Fett hellbraun rösten. Die Suppe portionsweise anrichten. Je 1 Klecks Frischkäse in die Mitte setzen und mit den Nüssen bestreuen.

TIPP

Besonders fein schmeckt die Suppe mit Muskatkürbis. Unter den ungezählten Kürbissorten besitzt er das meiste Aroma.

Nährwerte pro Portion:

205 kcal • **8 g** Eiweiß • **13 g** Fett • **13 g** Kohlenhydrate • **4 g** Ballaststoffe

Rauke-Kartoffel-Suppe

FÜR 2 PERSONEN
30 g Pinienkerne
200 g Kartoffeln
300 ml Geflügelbrühe
1/2 Bund Rauke (Rucola)
1 Knoblauchzehe
1 EL Olivenöl
Jodsalz, Pfeffer, Muskatnuss
ZUBEREITUNG: ca. 25 Min.

1. Die Pinienkerne in einer beschichteten Pfanne ohne Fett hellbraun rösten. Die Kartoffeln waschen, schälen und in kleine Würfel schneiden. Die Brühe erhitzen und die Kartoffelwürfel 15 Min. darin garen.

2. Die Rauke waschen und trockenschleudern. Harte Stiele entfernen, die Blätter grob hacken. Den Knoblauch abziehen und durchpressen.

3. Die Kartoffeln mit Brühe, die Hälfte der Rauke, den Knoblauch und das Öl im Mixer oder mit dem Zauberstab cremig pürieren. Die Suppe mit Salz, Pfeffer und Muskatnuss würzen. Die restliche Rauke unterziehen und sofort servieren.

TIPP

Achten Sie beim Kauf von Rauke darauf, dass die Blätter eine gleichmäßig sattgrüne Farbe haben und nicht zu klein sind. Außerdem muss die Rauke frisch sein, darf also keine feuchten Stellen aufweisen.

Nährwerte pro Portion:

225 kcal • **8 g** Eiweiß • **13 g** Fett • **18 g** Kohlenhydrate • **4 g** Ballaststoffe

Bunter Bohnentopf

FÜR 2 PERSONEN
100 g weiße Bohnen
100 g Kidneybohnen
400 ml Gemüsebrühe
4 Zweige Thymian
4 Zweige Bohnenkraut
200 g grüne Bohnen
1 große Zwiebel (50 g)
2 EL Olivenöl
3 Tomaten (250 g)
2 Knoblauchzehen
3 Zweige Basilikum
Jodsalz, Pfeffer
ZUBEREITUNG: ca. 50 Min.
QUELLZEIT: ca. 8 Std.

1. Die weißen Bohnen und Kidneybohnen mindestens 8 Std. oder über Nacht in reichlich Wasser einweichen. Abgießen und abtropfen lassen. Die Brühe erhitzen. Die Bohnen mit Thymian und Bohnenkraut darin bei schwacher Hitze ca. 40 Min. garen.

2. Die grünen Bohnen waschen, putzen und in kurze Stücke schneiden. Die Zwiebel abziehen und grob hacken. Das Öl erhitzen und die Zwiebel darin glasig dünsten. Die grünen Bohnen einrühren und mit 100 ml Wasser ablöschen. Zugedeckt bei mittlerer Hitze 10 Min. garen.

3. Die Bohnenkerne abgießen und abtropfen lassen. Den Thymian und das Bohnenkraut entfernen.

4. Die Tomaten waschen, die Stielansätze entfernen und grob würfeln. Mit den Bohnenkernen unter die grünen Bohnen rühren. Den Knoblauch abziehen und dazupressen. Das Gemüse zugedeckt bei schwacher Hitze noch 3 Min. ziehen lassen.

5. Das Basilikum fein schneiden. Die Bohnen mit Salz und Pfeffer abschmecken und mit Basilikum bestreuen.

Nährwerte pro Portion:

235 kcal • **12 g** Eiweiß • **12 g** Fett • **19 g** Kohlenhydrate • **10 g** Ballaststoffe

Selleriecremesuppe

FÜR 2 PERSONEN
1/2 kleine Sellerieknolle (200 g)
1 TL Rapsöl
400 ml Gemüsebrühe
1/2 Kästchen Kresse
50 g Mais (aus der Dose)
50 g Frischkäse (5 % Fett)
Jodsalz, Pfeffer, Muskatnuss
ZUBEREITUNG: ca. 20 Min.

1. Den Sellerie dünn schälen und in kleine Würfel schneiden. Das Öl erhitzen und die Selleriewürfel darin anbraten. Mit Brühe ablöschen und 10 Min. kochen lassen.

2. Die Kresse waschen und abtropfen lassen. Die Blättchen abschneiden. Den Mais kalt abspülen und abtropfen lassen. Die Selleriebrühe mit Frischkäse und der Hälfte der Kresseblättchen im Mixer oder mit dem Zauberstab cremig pürieren. Den Mais unterrühren.

3. Die Suppe nochmals erhitzen, aber nicht kochen lassen. Mit Salz, Pfeffer und Muskatnuss würzen und mit den restlichen Kresseblättchen bestreuen.

TIPP

Kleinere Sellerieknollen finden Sie häufig im Bioladen. Beim Ökoanbau fallen die Knollen oft etwas zierlicher aus – ideal für den kleinen Haushalt. Die restliche Sellerieknolle wickeln Sie in Zeitungspapier. Im Kühlschrank oder Keller bleibt sie so 1 Woche lang frisch.

Nährwerte pro Portion:

115 kcal • **8 g** Eiweiß • **6 g** Fett • **9 g** Kohlenhydrate • **5 g** Ballaststoffe

Fenchelsuppe

FÜR 2 PERSONEN
1 kleine Fenchelknolle (200 g)
50 g Champignons
1 Zwiebel (40 g)
1 Knoblauchzehe
1 TL Olivenöl
400 ml Gemüsebrühe
Jodsalz, Pfeffer
2 EL Pinienkerne
2 Scheiben Vollkorntoast
50 g Frischkäse (5 % Fett)
ZUBEREITUNG: ca. 25 Min.

1. Den Fenchel waschen. Das Fenchelgün abschneiden und beiseite legen. Die Knolle dünn schälen und in Würfel schneiden. Die Champignons trocken abreiben, putzen und in feine Scheiben schneiden. Zwiebel und Knoblauch abziehen und fein hacken.

2. Das Öl erhitzen und die Zwiebel- und Knoblauchwürfel darin glasig dünsten. Den Fenchel und die Pilze einstreuen und unter Rühren 1 Min. erhitzen. Mit Brühe ablöschen und bei mittlerer Hitze 10 Min. kochen lassen. Mit Salz und Pfeffer würzen.

3. Die Pinienkerne in einer beschichteten Pfanne ohne Fett rösten. Hacken. Das Fenchelgrün sehr fein hacken. Die Toasts rösten. Die Suppe portionsweise anrichten. Je 1 Klecks Frischkäse in die Mitte setzen und mit Pinienkernen und Fenchelgrün bestreuen. Mit je 1 Scheibe Toast servieren.

NOCH MEHR AROMA

Rösten Sie mit den Pinienkernen noch 1/2 TL Fenchelsamen und streuen Sie beides über die Suppe.

Nährwerte pro Portion:

220 kcal • **14 g** Eiweiß • **10 g** Fett • **17 g** Kohlenhydrate • **8 g** Ballaststoffe

Auberginenröllchen

auf Paprika

FÜR 2 PERSONEN

- 2 rote Paprikaschoten
- 1 kleine Zwiebel
- 2 EL Olivenöl
- 1 Aubergine (500 g)
- Jodsalz
- 1 Knoblauchzehe
- 1 Bund Basilikum
- 1 EL Semmelbrösel
- 1 EL geriebener Parmesan
- 100 g Frischkäse (5 % Fett)
- Pfeffer
- 1 TL Kapern
- 8 Zahnstocher zum Fixieren

ZUBEREITUNG: ca. 40 Min.

1. Die Paprika waschen, halbieren, putzen und in kleine Würfel schneiden. Die Zwiebel abziehen und fein hacken. 1 TL Öl erhitzen und die Zwiebel darin glasig dünsten. Die Paprikawürfel einrühren und 10 Min. bei schwacher Hitze mitdünsten.
2. Die Aubergine waschen, putzen und längs in 8 Scheiben schneiden (geht am besten mit der Brotschneidemaschine). Die Scheiben in siedendem Salzwasser 1 Min. blanchieren. Abtropfen lassen.
3. Den Knoblauch abziehen und fein hacken. Das Basilikum fein schneiden. 1 TL Öl in einer beschichteten Pfanne erhitzen und die Semmelbrösel darin goldgelb rösten. Abkühlen lassen. Mit Parmesan, Frischkäse und der Hälfte des Basilikums verrühren. Mit Salz und Pfeffer würzen.
4. Die Auberginenscheiben mit der Kräutercreme bestreichen. Aufrollen und mit je 1 Zahnstocher fixieren. 1 EL Öl erhitzen und die Auberginenröllchen darin rundum ca. 3 Min. braten, abkühlen lassen.
5. Das restliche Basilikum und die Kapern unter die Paprika rühren. Die Sauce mit Salz würzen und auf zwei Tellern verstreichen. Die Auberginenröllchen darauf anrichten.

VARIANTE

Für Zucchiniröllchen schneiden Sie einen kurzen, aber möglichst dicken Zucchino längs in dünne Streifen. Diese kurz in Salzwasser blanchieren. 50 g Räucherlachs mit 100 g Frischkäse im Mixer oder mit dem Zauberstab pürieren und mit etwas Pfeffer würzen. Die Creme auf die Zucchinischeiben streichen. Aufrollen, fixieren, braten und mit der Paprikasauce servieren.

Nährwerte pro Portion:

285 kcal • **13 g** Eiweiß • **16 g** Fett • **22 g** Kohlenhydrate • **13 g** Ballaststoffe

Bunte Linguine

FÜR 2 PERSONEN

150 g Möhren
1 kleiner Zucchino (150 g)
1/2 Bund Schnittlauch
3 EL Mandelblättchen
100 g Champignons
20 g Parmesan
200 g Linguine
Jodsalz, Pfeffer

ZUBEREITUNG: ca. 35 Min.

1. Die Möhren und den Zucchino putzen und dünn schälen. Mit dem Sparschäler längs breite Streifen abziehen. Den Schnittlauch waschen, trockenschütteln und fein schneiden. Die Mandelblättchen in einer beschichteten Pfanne ohne Fett ca. 3 Min. bei schwacher Hitze rösten.

2. Die Champignons trocken abreiben, putzen und in hauchdünne Scheiben schneiden. Den Parmesan sehr dünn raspeln.

3. Die Nudeln nach Packungsangabe in kochendem Salzwasser bissfest garen. Die Möhren- und Zucchinistreifen zuletzt 1 Min. mitgaren. Die Linguine und Gemüsestreifen abgießen und abtropfen lassen.

4. Die Gemüsenudeln mit Schnittlauch, Mandelblättchen und Pilzen mischen. Portionsweise anrichten, mit Pfeffer übermahlen und mit Parmesan bestreuen.

VOLLES KORN

Verwenden Sie Vollkornnudeln. Sie enthalten mehr als doppelt so viele Ballaststoffe und B-Vitamine wie Nudeln aus hellem Mehl.

Nährwerte pro Portion:

480 kcal • **21 g** Eiweiß • **10 g** Fett • **76 g** Kohlenhydrate • **11 g** Ballaststoffe

Spiralnudeln mit Erbsen

FÜR 2 PERSONEN

150 g Spiralnudeln
Jodsalz
1 Zwiebel
1 Knoblauchzehe
1 EL Olivenöl
100 ml Gemüsebrühe
100 g Frischkäse (5% Fett)
300 g tiefgekühlte Erbsen
2 EL gehackte Mandeln
Pfeffer

ZUBEREITUNG: ca. 15 Min.

1. Die Nudeln nach Packungsangabe in kochendem Salzwasser bissfest garen. Abgießen und abtropfen lassen.

2. Die Zwiebel und den Knoblauch abziehen und hacken. Das Öl erhitzen und beides darin glasig dünsten. Mit Brühe ablöschen.

3. Den Frischkäse und die Erbsen unterrühren. Aufkochen und zugedeckt bei schwacher Hitze 5 Min. köcheln lassen. Die Erbsensauce mit den Nudeln und Mandeln mischen. Mit Salz und Pfeffer abschmecken.

TIPP

Zur Erbsensauce passen alle Nudeln, die durch ihre Form auch kleinere Gemüsestückchen aufnehmen können. Besonders witzig sehen Schmetterlings- oder Muschelnudeln aus.

Nährwerte pro Portion:

545 kcal • **28 g** Eiweiß • **15 g** Fett • **74 g** Kohlenhydrate • **14 g** Ballaststoffe

Currylinsen mit Apfel

FÜR 2 PERSONEN
200 g Puy-Linsen
50 g Naturreis
Jodsalz
1 unbehandelte Orange
3 EL Rosinen (ungeschwefelt)
4 Zweige Thymian (ersatzweise 2 TL gerebelter Thymian)
1 Apfel
1 Zwiebel
1 Knoblauchzehe
1 EL Rapsöl
1 EL Apfelessig
Pfeffer, 1 TL mildes Currypulver

ZUBEREITUNG: ca. 30 Min.
QUELLZEIT: ca. 8 Std.

1. Die Linsen verlesen, waschen und mindestens 8 Std. oder über Nacht in Wasser einweichen.
2. Den Reis in 150 ml kochendes Salzwasser einstreuen und zugedeckt bei schwacher Hitze 30 Min. quellen lassen.
3. Die Orange heiß abwaschen, Schale abreiben und Frucht auspressen. Die Linsen abgießen. Mit Rosinen, Thymian, Orangenschale und -saft in 400 ml Wasser aufkochen. 10 Min. bei schwacher Hitze garen.
4. Den Apfel waschen, vierteln und das Kerngehäuse entfernen. Die Viertel in Spalten schneiden. Zwiebel und Knoblauch abziehen und fein hacken.
5. Das Öl erhitzen. Zwiebel, Knoblauch und die Apfelspalten darin in 10 Min. glasig dünsten. Die Apfel-Zwiebel-Mischung unter die Linsen rühren. Das Linsengemüse mit Essig, Salz, Pfeffer und Currypulver abschmecken. Mit dem Reis servieren.

TIPP

Nicht alle Linsen müssen eingeweicht werden. Sie benötigen dann jedoch 30 Min. Garzeit.

Nährwerte pro Portion:

545 kcal • **27 g** Eiweiß • **7 g** Fett • **92 g** Kohlenhydrate • **14 g** Ballaststoffe

Chinakohl-Rouladen

FÜR 2 PERSONEN

4 Trockenaprikosen
100 g Naturreis
Jodsalz
1 TL mildes Currypulver
1 kleiner Chinakohl (200 g)
1 Ei
5 EL Gemüsebrühe
Fett für die Form

ZUBEREITUNG: ca. 45 Min.
BACKZEIT: ca. 30 Min.

1. Die Aprikosen in sehr kleine Stücke schneiden. Den Reis in 350 ml kochendes Salzwasser einstreuen. Die Aprikosen und das Currypulver unterrühren und zugedeckt bei schwacher Hitze 40 Min. quellen lassen.
2. Den Backofen vorheizen. Eine Auflaufform fetten. Den Chinakohl waschen. Vorsichtig 6 große Blätter vom Strunk lösen und in leicht kochendem Salzwasser kurz blanchieren. Abtropfen lassen und auf der Arbeitsfläche ausbreiten. Den restlichen Kohl in sehr feine Streifen schneiden.
3. Das Ei verquirlen. Mit den Kohlstreifen unter den Reis rühren. Die Reismasse auf den Kohlblättern verteilen. Die Blätter aufrollen und in die Form legen.
4. Die Röllchen mit Brühe beträufeln und im Backofen bei 200° (Mitte, Umluft 180°) ca. 30 Min. backen.

TIPP

Röllchen mit der Nahtstelle nach unten dicht nebeneinander in die Form legen oder mit Zahnstochern fixieren.

Nährwerte pro Portion:

270 kcal • **9 g** Eiweiß • **4 g** Fett • **48 g** Kohlenhydrate • **5 g** Ballaststoffe

Wirsinggemüse mit Kräuterreis

FÜR 2 PERSONEN

100 g Naturreis
Jodsalz
250 g Wirsingblätter
1 kleine Lauchstange
1 kleine Zwiebel
1 EL Rapsöl
100 ml Tomatensaft
Pfeffer, 1/2 TL mildes Currypulver
1 Bund Schnittlauch
4 EL Hüttenkäse (Magerstufe)

ZUBEREITUNG: ca. 40 Min.

1. Den Reis in 350 ml kochendes Salzwasser einstreuen und zugedeckt bei schwacher Hitze 30 Min. quellen lassen.
2. Die Wirsingblätter waschen, abtropfen lassen und in feine Streifen schneiden. Den Lauch putzen, dabei das Grün entfernen. Die Stange längs aufschneiden, sorgfältig waschen und in feine Ringe schneiden. Die Zwiebel abziehen und fein hacken.
3. Das Öl erhitzen. Den Lauch und die Zwiebel darin unter Rühren glasig dünsten. Die Wirsingstreifen einrühren und 1 Min. mitdünsten. Mit Tomatensaft ablöschen. Aufkochen und zugedeckt 5 Min. bei schwacher Hitze garen. Das Gemüse mit Salz, Pfeffer und Currypulver würzen.
4. Den Schnittlauch waschen, trockenschütteln und fein schneiden. Eine Hälfte unter den Reis heben. Die andere Hälfte mit dem Hüttenkäse verrühren. Das Gemüse mit dem Reis und der Schnittlauchcreme servieren.

TIPP

Sie können das Lauchgrün mitverwenden. Die Garzeit erhöht sich dann auf ca. 11 Min. Das Grün verleiht dem Wirsinggemüse mehr Schärfe.

Nährwerte pro Portion:

310 kcal • **15 g** Eiweiß • **8 g** Fett • **44 g** Kohlenhydrate • **6 g** Ballaststoffe

Paprikahälften

mit Hirsefüllung

FÜR 2 PERSONEN

1 große grüne Paprikaschote
2 große rote Paprikaschoten
3 Frühlingszwiebeln
1 EL Rapsöl
2 Knoblauchzehen
100 g Hirse
500 ml Gemüsebrühe
75 g Mozzarella
1 Bund Basilikum
Jodsalz, Pfeffer
50 g Frischkäse (5 % Fett)
1 EL Ajvar (Paprikapüree)
Fett für die Form

ZUBEREITUNG: ca. 40 Min.
BACKZEIT: ca. 40 Min.

1. Die Paprikaschoten waschen, halbieren und putzen. Die grüne Schote in kleine Würfel schneiden, die roten Schoten beiseite legen.

2. Die Frühlingszwiebeln waschen, putzen und sehr fein schneiden. Das Öl erhitzen. Den Knoblauch abziehen und durch die Presse in die Pfanne drücken. Mit Frühlingszwiebeln und Paprikawürfeln 2 Min. unter Rühren dünsten. Die Hirse einrühren und mit 400 ml Brühe ablöschen. Bei schwacher Hitze ca. 25 Min. quellen lassen.

3. Den Backofen vorheizen. Eine Auflaufform fetten. Den Mozzarella klein würfeln. Die Basilikumblätter sehr fein schneiden.

4. Die Mozzarellawürfel und die Hälfte des Basilikums unter die Hirse-Paprika-Mischung rühren. Mit Salz und Pfeffer würzen. Die Hirse in die roten Paprikahälften füllen, in die Auflaufform setzen. Im Ofen bei 200° (Mitte, Umluft 180°) ca. 40 Min. garen.

5. 100 ml Brühe mit Frischkäse und Ajvar verquirlen. Aufkochen und bei schwacher Hitze 5 Min. unter Rühren sämig einkochen lassen. Die Sauce mit Salz und Pfeffer würzen und das restliche Basilikum unterrühren. Über die Paprikahälften träufeln.

VARIANTE

Für gefüllte Tomaten von 4 Fleischtomaten einen Deckel abschneiden. Das Fruchtfleisch herauslösen und sehr fein würfeln. Mit Frühlingszwiebeln und Knoblauch dünsten. Hirse und Brühe einrühren und die Füllung wie beschrieben zubereiten. Die Hirsemischung in die Tomaten füllen und im warmen Ofen bei 200° (Mitte, Umluft 180°) ca. 25 Min. backen.

Statt des Mozzarellas können Sie auch 40 g geriebenen Gouda unterrühren.

TIPP

Die gefüllten Paprikahälften schmecken auch prima als Beilage zu Fisch. Für 2 Personen reicht allerdings die halbe Menge.

Nährwerte pro Portion:

455 kcal • **23 g** Eiweiß • **17 g** Fett • **50 g** Kohlenhydrate • **15 g** Ballaststoffe

Petersilien-Zucchini-Auflauf

FÜR 2 PERSONEN
2 Zucchini (400 g)
2 Kartoffeln (200 g)
100 g Champignons
1 Bund Petersilie
Jodsalz, Pfeffer, Muskatnuss
100 ml fettarme Milch (1,5 % Fett)
2 EL Ajvar (Paprikapüree)
1 Knoblauchzehe
Fett für die Form

ZUBEREITUNG: ca. 20 Min.
BACKZEIT: ca. 45 Min.

1. Die Zucchini waschen, putzen und in Scheiben schneiden. Die Kartoffeln waschen, schälen und in sehr dünne Scheiben hobeln. Die Champignons trocken abreiben, putzen und in Streifen schneiden. Die Petersilie waschen, trockenschütteln und die Blättchen sehr fein hacken.

2. Den Backofen vorheizen. Eine Auflaufform fetten. Nacheinander die Zucchinischeiben, die Kartoffelscheiben und die Pilzstreifen einschichten. Jede Schicht mit Salz, Pfeffer und Muskatnuss würzen und mit Petersilie bestreuen.

3. Die Milch mit Ajvar verquirlen. Den Knoblauch abziehen und dazupressen. Die Paprikamilch über das Gemüse träufeln. Den Auflauf im Backofen bei 200° (Mitte, Umluft 180°) ca. 45 Min. backen.

Nährwerte pro Portion:

150 kcal • **8 g** Eiweiß • **4 g** Fett • **21 g** Kohlenhydrate • **6 g** Ballaststoffe

Auberginenfächer aus dem Ofen

FÜR 2 PERSONEN
2 kleine Auberginen
8 EL Ajvar (Paprikapüree)
6 große Tomaten
1 Bund Basilikum
2 Knoblauchzehen
2 EL Olivenöl
Jodsalz, Pfeffer

ZUBEREITUNG: ca. 15 Min.
BACKZEIT: ca. 1 Std.

1. Die Auberginen waschen, putzen und längs mehrfach bis zum Ansatz einschneiden. Die Einschnitte mit Ajvar bestreichen. Die Auberginen in eine große Auflaufform legen. Den Backofen vorheizen.

2. Die Tomaten waschen, die Stielansätze entfernen und das Fruchtfleisch in Scheiben schneiden. Das Basilikum abzupfen. Die Tomatenscheiben und Basilikumblättchen in die Auberginenfächer stecken.

3. Den Knoblauch abziehen und ins Öl pressen. Verrühren und kräftig mit Salz und Pfeffer würzen. Die Auberginen mit dem Knoblauchöl bepinseln und im Backofen bei 200° (Mitte, Umluft 180°) ca. 1 Std. backen.

VARIANTE

Bestreichen Sie zwei hauchdünne Scheiben Vollkornbrot mit dem Paprikapüree und schneiden Sie die Scheiben in je 3–4 schmale Streifen. Die Brotstreifen mit den Tomatenscheiben in die Auberginenfächer stecken.

Nährwerte pro Portion:

180 kcal • **5 g** Eiweiß • **12 g** Fett • **14 g** Kohlenhydrate • **9 g** Ballaststoffe

Lauch-Kartoffel-Soufflé

FÜR 2 PERSONEN (2 AUFLAUFFORMEN, Ø 15 cm)

250 g Lauch
1 Zwiebel
1 Knoblauchzehe
1 EL Rapsöl
300 g mehlig kochende Kartoffeln
1 großer Apfel
1 Ei
Jodsalz, Pfeffer, Muskatnuss
1/2 Bund Schnittlauch
50 ml Gemüsebrühe
100 g Frischkäse (5 % Fett)

ZUBEREITUNG: ca. 30 Min.
BACKZEIT: ca. 30 Min.

1. Den Lauch putzen, längs aufschneiden, sorgfältig waschen und in feine Ringe schneiden. Zwiebel und Knoblauch abziehen und fein hacken.
2. Das Öl erhitzen. Die Lauchringe, die Zwiebel- und die Knoblauchwürfel darin glasig dünsten. Abkühlen lassen. Den Backofen vorheizen.
3. Die Kartoffeln waschen und schälen. Den Apfel schälen und das Kerngehäuse ausstechen. Den Apfel mit den Kartoffeln fein reiben. Das Ei trennen. Das Eigelb mit dem Kartoffel-Apfel-Mus und der Lauchmasse verrühren. Mit Salz, Pfeffer und Muskatnuss würzen. Das Eiweiß steif schlagen und unterheben.
4. Die Kartoffel-Lauch-Masse in den Formen verteilen. Im Backofen bei 180° (Mitte, Umluft 160°) ca. 30 Min. backen.
5. Den Schnittlauch waschen, trockenschütteln und in feine Röllchen schneiden. Mit Brühe und Frischkäse mit dem Zauberstab aufschäumen. Mit Salz, Pfeffer und Muskatnuss würzen und zu den Soufflés servieren.

Nährwerte pro Portion:

325 kcal • **16 g** Eiweiß • **12 g** Fett • **36 g** Kohlenhydrate • **8 g** Ballaststoffe

Gemüse-Lasagne

FÜR 4 PERSONEN (1 AUFLAUFFORM, 2,5 l INHALT)

450 g tiefgekühlter Blattspinat
je 1 rote, gelbe und grüne Paprikaschote
1 großer Zucchino (300 g)
1 getrocknete rote Chilischote
1 EL Rapsöl
Jodsalz, Pfeffer
12 Lasagneblätter (vorgegart)
200 ml Gemüsebrühe
200 g Frischkäse (5 % Fett)
1 TL getrockneter Oregano
Fett für die Form
Alufolie

ZUBEREITUNG: ca. 40 Min.
BACKZEIT: ca. 55 Min.

1. Den Spinat nach Packungsangabe in wenig Wasser bei schwacher Hitze auftauen lassen. Abtropfen lassen. Die Paprika waschen, halbieren, putzen und in kleine Würfel schneiden. Den Zucchino waschen, putzen und in kleine Würfel schneiden. Die Chilischote aufschlitzen, entkernen und fein hacken. Den Backofen vorheizen. Die Form fetten.
2. Das Öl erhitzen. Die Chili- und Gemüsewürfel darin unter Rühren 4 Min. dünsten. Mit Salz und Pfeffer würzen. Die Hälfte der Gemüsemasse in der Form verteilen. Mit 4 Lasagneblättern abdecken. Den Spinat darauf verteilen und mit 4 Lasagneblättern belegen. Das restliche Gemüse darauf verteilen und mit 4 Lasagneblättern abschließen.
3. Die Brühe erhitzen und den Frischkäse darin 5 Min. unter Rühren sämig einkochen. Die Sauce mit Oregano, Salz und Pfeffer würzen und über die Lasagne gießen. Die Lasagne mit Alufolie abdecken und im Backofen bei 200° (Mitte, Umluft 180°) 30 Min. backen. Die Alufolie entfernen und die Lasagne in ca. 25 Min. fertig garen.

Nährwerte pro Portion:

250 kcal • **16 g** Eiweiß • **7 g** Fett • **29 g** Kohlenhydrate • **11 g** Ballaststoffe

Gemüsespieße auf Tomatenhirse

FÜR 2 PERSONEN

1 Knoblauchzehe
8 EL Zitronensaft
1 kleiner grüner Zucchino
1 kleiner gelber Zucchino
100 g Champignons
250 ml Gemüsebrühe
75 g Hirse
2 Zweige Thymian
3 Zweige Minze, 2 EL Olivenöl
3 Zwiebeln
200 g Tomatenpüree (Fertigprodukt)
1/2 Bund Schnittlauch
Jodsalz, Pfeffer, Currypulver
4 Holzspieße

ZUBEREITUNG: ca. 25 Min.
MARINIERZEIT: ca. 30 Min.

1. Den Knoblauch abziehen und zum Zitronensaft pressen. Verrühren. Die Zucchini waschen, putzen und in 1 cm dicke Scheiben schneiden. Die Pilze trocken abreiben, putzen und in Streifen schneiden. Das Gemüse mit dem Zitronensaft beträufeln und 30 Min. marinieren.
2. 200 ml Brühe aufkochen, die Hirse einstreuen und zugedeckt 30 Min. bei schwacher Hitze quellen lassen.
3. Thymian und Minze waschen, trockenschütteln und die Blätter fein hacken. Mit Öl und 50 ml Brühe verrühren.
4. Die Zwiebeln abziehen und in Achtel schneiden. Das Gemüse abwechselnd mit den Zwiebeln auf die Spieße ziehen. Mit der Kräutersauce bepinseln. Eine beschichtete Pfanne erhitzen und die Spieße darin bei starker Hitze von jeder Seite 5 Min. braten.
5. Das Tomatenpüree unter die Hirse rühren. In 3 Min. fertig garen. Den Schnittlauch waschen, trockenschütteln und fein schneiden. Die Tomatenhirse mit Salz, Pfeffer und Currypulver würzen. Den Schnittlauch unterziehen. Als Beilage zu den Spießen servieren.

Nährwerte pro Portion:

345 kcal • **11 g** Eiweiß • **13 g** Fett • **43 g** Kohlenhydrate • **10 g** Ballaststoffe

Wirsingrollen mit Tomaten

FÜR 2 PERSONEN

4 große Wirsingblätter
2 Tomaten
4 Zweige Thymian
1 große Möhre (150 g)
40 g Magerquark
2 EL Semmelbrösel
2 TL Tomatenmark
Jodsalz, Pfeffer, Tabasco
300 g Kartoffeln

ZUBEREITUNG: ca. 35 Min.
BACKZEIT: ca. 30 Min.

1. Die Wirsingblätter waschen und abtropfen lassen. In kochendem Wasser kurz blanchieren. Abtropfen lassen. Die Tomaten waschen, die Stielansätze entfernen und das Fruchtfleisch in Würfel schneiden.
2. Den Backofen vorheizen. Den Thymian waschen und trockenschütteln, die Blätter hacken. Die Möhre putzen, dünn schälen und in Würfel schneiden. Den Quark mit Semmelbröseln, Tomatenmark, Tomaten- und Möhrenwürfeln verrühren. Mit Salz, Pfeffer und Tabasco würzen. Den Thymian unterziehen.
3. Je 2 Wirsingblätter überlappend auf die Arbeitsfläche legen. Mit Salz und Pfeffer würzen und mit der Quarkmischung bestreichen. Aufrollen und die Röllchen in eine Auflaufform legen. Im Backofen bei 180° (Mitte, Umluft 160°) ca. 30 Min. backen.
4. Die Kartoffeln waschen, schälen und in wenig Salzwasser ca. 25 Min. bei mittlerer Hitze garen. Zu den Wirsingrollen servieren.

Nährwerte pro Portion:

205 kcal • **10 g** Eiweiß • **1 g** Fett • **37 g** Kohlenhydrate • **9 g** Ballaststoffe

Kartoffelpizza

mit Tomaten

FÜR 2 PERSONEN (1 PIZZAFORM, 26 cm Ø)

300 g mehlig kochende Kartoffeln
Jodsalz, Pfeffer
150 g Vollkornmehl
1 Lauchstange (250 g)
2 Knoblauchzehen
1 EL Olivenöl
300 g Tomaten
10 entsteinte grüne Oliven
5 Zweige Thymian
1/2 Bund Basilikum
1 EL getrockneter Oregano
100 g Schafkäse
Fett für die Form

ZUBEREITUNG: ca. 30 Min.
KOCHZEIT: ca. 25 Min.
BACKZEIT: ca. 30 Min.

1. Die Kartoffeln waschen und in Salzwasser zugedeckt ca. 25 Min. kochen. Abgießen, ausdampfen lassen, pellen und noch heiß durch die Kartoffelpresse drücken. Den Kartoffelschnee abkühlen lassen.
2. Den Backofen vorheizen. Die Pizzaform fetten. Den Kartoffelschnee mit Salz und Pfeffer würzen und mit dem Mehl zu einem geschmeidigen Teig verkneten. In der Form ausrollen, dabei einen kleinen Rand bilden. Den Teig mit einer Gabel mehrmals einstechen und im Backofen bei 200° (Mitte, Umluft 180°) 15 Min. backen.
3. Den Lauch putzen, dabei das Grün entfernen. Die Stange längs aufschneiden, sorgfältig waschen und in feine Ringe schneiden. Den Knoblauch abziehen und fein hacken. Das Öl erhitzen und beides darin bei schwacher Hitze 10 Min. dünsten.
4. Die Tomaten waschen, Stielansätze entfernen und halbieren. Das Innere herauslösen und zum Lauch geben, das Fruchtfleisch würfeln. Die Oliven in Streifen schneiden. Thymian waschen, trockenschütteln und die Blätter hacken. Das Basilikum fein schneiden.
5. Die Lauchmischung, die Tomatenwürfel und die Olivenstreifen auf dem Pizzaboden verteilen. Mit Salz und Pfeffer würzen und mit Thymian, Basilikum und Oregano bestreuen. Den Schafkäse zerkrümeln und über die Pizza streuen. Im warmen Ofen bei 200° (Mitte, Umluft 180°) in ca. 15 Min. fertig backen.

Nährwerte pro Portion:

570 kcal • **24 g** Eiweiß • **19 g** Fett • **73 g** Kohlenhydrate • **15 g** Ballaststoffe

Gemüse-Puten-Päckchen

FÜR 4 PERSONEN
600 g Kartoffeln
Jodsalz
1 gelbe Paprikaschote
1 grüne Paprikaschote
2 Knoblauchzehen
2 EL Olivenöl
4 Putenschnitzel (à 150 g)
Pfeffer
50 g Ajvar (Paprikapüree)
1/2 Bund Basilikum
10 entsteinte schwarze Oliven
200 ml Tomatenpüree (Fertigprodukt)
400 ml Geflügelbrühe
200 g Frischkäse (5 % Fett)
4 Zahnstocher zum Fixieren
ZUBEREITUNG: ca. 40 Min.

1. Die Kartoffeln waschen, schälen, halbieren und in wenig Salzwasser ca. 25 Min. garen und dann abgießen.
2. Die Paprika waschen, halbieren, putzen und in schmale Streifen schneiden. Die Streifen halbieren. Den Knoblauch abziehen und sehr fein hacken. Das Öl in einer Pfanne erhitzen und den Knoblauch darin glasig dünsten. Die Paprikastreifen einrühren und bissfest garen.
3. Das Fleisch kalt abspülen, trockentupfen und behutsam flach klopfen. Mit Salz und Pfeffer würzen und dünn mit Ajvar bestreichen. Das Basilikum abzupfen. Die Oliven in dünne Scheiben schneiden.
4. Die Hälfte der Paprikastreifen in die Mitte der Schnitzel legen. Das Basilikum und die Hälfte der Olivenscheiben darauf streuen. Die Ränder über der Füllung zusammenklappen und mit Zahnstochern feststecken.
5. Die Fleischpäckchen in der heißen Pfanne von beiden Seiten kräftig anbraten. Mit Tomatenpüree und Brühe ablöschen. Die restlichen Paprikastreifen und Olivenscheiben einrühren und zugedeckt bei mittlerer Hitze 10 Min. dünsten. Das Fleisch herausnehmen. Den Frischkäse in die Sauce rühren. Die Päckchen mit den Salzkartoffeln und der Sauce servieren.

TIPP

Garen Sie die Kartoffeln in nur wenig Salzwasser. So werden weniger Mineralstoffe und wasserlösliche Vitamine ausgeschwemmt. Verkocht das Salzwasser zu schnell, füllen Sie einfach etwas Wasser nach.

Nährwerte pro Portion:

440 kcal • **49 g** Eiweiß • **14 g** Fett • **31 g** Kohlenhydrate • **11 g** Ballaststoffe

Hähnchen mit Möhren

FÜR 2 PERSONEN

250 g Hähnchenbrustfilet
1 Zwiebel
1 Knoblauchzehe
300 g Möhren
1 EL Rapsöl
100 ml Möhrensaft
1/2 Bund Schnittlauch
2 EL Walnusskerne (20 g)
1 EL Speisestärke
2 EL geriebener Parmesan

ZUBEREITUNG: ca. 40 Min.

1. Das Fleisch kalt abspülen, trockentupfen und in Würfel schneiden. Zwiebel und Knoblauch abziehen und fein hacken. Die Möhren putzen, dünn schälen und grob raspeln.
2. Das Öl erhitzen und das Fleisch darin rundum anbraten. Die Zwiebel, den Knoblauch und die Möhrenraspel einrühren. Den Möhrensaft angießen und offen bei schwacher Hitze 10 Min. dünsten. Bei Bedarf noch etwas Brühe zugießen.
3. Den Schnittlauch waschen, trockenschütteln und in feine Röllchen schneiden.
4. Die Walnüsse grob hacken. Die Speisestärke mit 3 EL Wasser verquirlen. Zum Fleisch gießen und kurz aufkochen lassen. Schnittlauch, Nüsse und Parmesan in die Sauce rühren. Dazu schmecken Pellkartoffeln.

TIPP

Braten Sie die Fleischwürfel von allen Seiten gut an. So wird das Fleisch in der Sauce nicht zäh.

Nährwerte pro Portion:

230 kcal • **34 g** Eiweiß • **6 g** Fett • **10 g** Kohlenhydrate • **6 g** Ballaststoffe

Puten-Lauch-Curry

FÜR 2 PERSONEN

500 g Lauch
1 Petersilienwurzel (100 g)
300 g Putenbrustfilet
1 EL Zitronensaft
1 EL Tomatenmark
2 EL Sojasauce
1 Knoblauchzehe
2 EL Olivenöl
Jodsalz, Pfeffer
2 EL Walnusskerne (20 g)
Alufolie

ZUBEREITUNG: ca. 30 Min.

1. Den Lauch putzen, längs aufschneiden und sorgfältig waschen. Die hellen Teile in kleine Stücke, das Grün in sehr feine Ringe schneiden. Die Petersilienwurzel putzen, dünn schälen und fein würfeln.

2. Das Fleisch kalt abspülen, trockentupfen und in schmale Streifen schneiden. Zitronensaft, Tomatenmark und Sojasauce verquirlen. Den Knoblauch abziehen und dazupressen. Die Marinade über die Putenstreifen träufeln.

3. Das Öl in einer beschichteten Pfanne erhitzen und die Fleischstreifen darin bei starker Hitze 2 Min. unter Rühren braten. Herausnehmen, in Alufolie wickeln und warm stellen. Das Gemüse in die Pfanne streuen und ca. 4 Min. unter Rühren braten.

4. Die Filetstreifen untermischen und mit Salz und Pfeffer würzen. Mit den Walnüssen bestreuen. Dazu schmeckt Basmatireis.

Nährwerte pro Portion:

380 kcal • **44 g** Eiweiß • **19 g** Fett • **9 g** Kohlenhydrate • **7 g** Ballaststoffe

Hähnchenfilet auf Champignons

FÜR 2 PERSONEN

150 g grüne Bohnen
Jodsalz
200 g Hähnchenbrustfilet
Pfeffer
1 EL Rapsöl
150 ml Geflügelbrühe
50 g Frischkäse (5 % Fett)
200 g Champignons
1/2 Bund Petersilie
Alufolie

ZUBEREITUNG: ca. 20 Min.

1. Die Bohnen waschen, putzen und in Stücke schneiden. In Salzwasser zugedeckt bei schwacher Hitze 12 Min. dünsten.

2. Das Fleisch kalt abspülen, trockentupfen und mit Salz und Pfeffer würzen. Das Öl in einer beschichteten Pfanne erhitzen und das Filet darin rundum 5 Min. braten. Mit Brühe ablöschen und mit Salz und Pfeffer würzen. Herausnehmen, in Alufolie wickeln und warm stellen.

3. Den Frischkäse im Bratfond bei geringer Hitze einkochen. Die Pilze trocken abreiben, putzen und in schmale Streifen schneiden. Mit den Bohnen 3 Min. mitdünsten.

4. Die Petersilie waschen, trockenschütteln und sehr fein hacken. Eine Hälfte in das Gemüse, die zweite Hälfte in die Sauce rühren. Das Gemüse portionsweise anrichten. Das Filet halbieren, darauf legen und mit Sauce und Nudeln servieren.

TIPP

Wickeln Sie das gebratene Fleisch fest in Alufolie und halten Sie es im Backofen bei 150° (Umluft 130°) warm.

Nährwerte pro Portion:

300 kcal • **35 g** Eiweiß • **15 g** Fett • **5 g** Kohlenhydrate • **5 g** Ballaststoffe

Putenbrust mit Kräutern

FÜR 2 PERSONEN
200 g Kartoffeln
1 Bund Petersilie
1 Kästchen Kresse
2 TL fein gehackte Mandeln
2 EL Zitronensaft
1 Knoblauchzehe
Jodsalz, Pfeffer
4 dünne Scheiben Putenbrustfilet (à 50 g)
100 ml Geflügelbrühe
100 g Frischkäse (5 % Fett)
400 g Wirsingblätter
Muskatnuss

ZUBEREITUNG: ca. 35 Min.

1. Die Kartoffeln waschen und in Wasser zugedeckt ca. 25 Min. garen.

2. Die Petersilie und Kresse waschen und trockenschütteln. Die Blättchen fein hacken. Mit den Mandeln und dem Zitronensaft mischen. Den Knoblauch abziehen und dazupressen. Mit Salz und Pfeffer würzen. Den Backofen vorheizen.

3. Das Fleisch kalt abspülen, trockentupfen und behutsam flach drücken. Mit der Kräuterpaste bestreichen und überlappend in eine Auflaufform legen. Im Backofen bei 250° (Mitte, Umluft 220°) 10 Min. garen.

4. Die Brühe erhitzen und den Frischkäse einrühren. Den Wirsing waschen, abtropfen lassen und in dünne Streifen schneiden. In der Brühe bei schwacher Hitze 10 Min. dünsten. Mit Salz, Pfeffer und Muskatnuss würzen.

5. Die Kartoffeln abgießen, ausdampfen lassen, pellen und salzen. Das Fleisch mit dem Wirsing und den Kartoffeln servieren.

Nährwerte pro Portion:
275 kcal • 34 g Eiweiß • 6 g Fett • 20 g Kohlenhydrate • 9 g Ballaststoffe

Chinesische Hirsepfanne

FÜR 2 PERSONEN
2 EL Erdnussöl
100 g Hirse
150 ml Gemüsebrühe
200 g Schweinefilet
1 kleine rote Paprikaschote (150 g)
1/2 Bund Frühlingszwiebeln
1 kleine rote Chilischote
1 kleine Mango (400 g)
2 EL helle Sojasauce
Jodsalz, Pfeffer, Kurkuma
Alufolie

ZUBEREITUNG: ca. 30 Min.

1. 1 EL Öl erhitzen und die Hirse darin unter Rühren kurz rösten. Mit Brühe ablöschen, aufkochen und zugedeckt 25 Min. quellen lassen.

2. Das Fleisch in Würfel schneiden. Die Paprika waschen, halbieren, putzen und in Würfel schneiden. Die Frühlingszwiebeln waschen, putzen und fein schneiden.

3. Die Chilischote längs aufschneiden, entkernen und sehr fein hacken. Die Mango schälen. Das Fruchtfleisch vom Kern lösen und in Würfel schneiden.

4. 1 EL Öl in einer beschichteten Pfanne erhitzen und das Fleisch darin unter Rühren 4 Min. braten. Herausnehmen, in Alufolie wickeln und warm stellen.

5. Die Frühlingszwiebeln im Bratfond anbraten. Die Chili- und Paprikawürfel einstreuen und bei starker Hitze unter Rühren dünsten. Mit Sojasoße würzen. Die Hirse, Mango- und Fleischwürfel einrühren und in der Sauce erwärmen. Mit Salz, Pfeffer und Kurkuma würzen.

Nährwerte pro Portion:
595 kcal • 30 g Eiweiß • 19 g Fett • 73 g Kohlenhydrate • 10 g Ballaststoffe

Griechischer Zwiebel-Tomaten-Topf

FÜR 4 PERSONEN

600 g Schweineschnitzel
1 unbehandelte Orange
1/4 TL Kreuzkümmel
3 Lorbeerblätter
4 Knoblauchzehen
400 g kleine Zwiebeln
4 EL Olivenöl
150 ml Fleischbrühe
50 ml Aceto balsamico
1 Zimtstange
500 g Cocktailtomaten
1 Bund Petersilie
Jodsalz, Pfeffer, Zucker

ZUBEREITUNG: ca. 45 Min.

1. Das Fleisch in Würfel schneiden. Die Orange heiß abwaschen. Die Schale dünn abreiben, die Frucht auspressen. Orangenschale und -saft, Kreuzkümmel und Lorbeer mischen. Den Knoblauch abziehen und dazupressen. Das Fleisch mit der Marinade übergießen und 15 Min. marinieren.

2. Die Zwiebeln abziehen und je nach Größe vierteln oder achteln. Das eingelegte Fleisch aus der Marinade nehmen und mit Küchenpapier trockentupfen. Das Öl erhitzen und das Fleisch darin rundum kurz anbraten. Die Zwiebeln einrühren und kurz mitdünsten. Mit der Marinade, Brühe und Essig ablöschen. Die Zimtstange unterrühren und alles bei schwacher Hitze 10 Min. ziehen lassen.

3. Die Tomaten waschen und halbieren. Unter das Fleisch heben und 5 Min. mitgaren. Die Petersilie waschen, trockenschütteln und die Blätter grob hacken. Die Zimtstange und den Lorbeer entfernen. Den Eintopf mit Salz und Pfeffer würzen. Mit 1 Prise Zucker abschmecken und mit Petersilie bestreuen. Dazu passt Vollkornreis.

Nährwerte pro Portion:

305 kcal • **36 g** Eiweiß • **14 g** Fett • **8 g** Kohlenhydrate • **3 g** Ballaststoffe

Gefüllte Schnitzel

FÜR 2 PERSONEN

1 Zwiebel (40 g)
1/2 Sellerieknolle (200 g)
2 EL Rapsöl
1 kleiner Apfel
2 EL Walnusskerne (20 g)
1 Zweig Salbei
1 EL Rosinen
50 g Frischkäse (5 % Fett)
Jodsalz, Pfeffer
500 g Brokkoli
2 dicke Schweineschnitzel (à 200 g)
100 ml Geflügelbrühe
4 Zahnstocher zum Fixieren

ZUBEREITUNG: ca. 30 Min.

1. Die Zwiebel abziehen und hacken. Den Sellerie putzen, schälen und würfeln. 1 EL Öl in einer beschichteten Pfanne erhitzen. Die Zwiebel- und Selleriewürfel darin anbraten.

2. Den Apfel schälen, das Kerngehäuse ausstechen und den Apfel in kleine Stifte schneiden. Nüsse hacken. Salbei waschen, trockenschütteln und die Blätter fein hacken.

3. 1 EL Nüsse mit Rosinen, Frischkäse, Apfelstiften und Salbei verrühren. Mit Salz und Pfeffer würzen. Unter den Sellerie rühren. Abkühlen lassen.

4. Den Brokkoli waschen, putzen und in Röschen teilen. In die Schnitzel eine Tasche schneiden. Innen und außen mit Salz und Pfeffer würzen. Die Sellerie-Apfel-Masse in die Taschen füllen. Mit Zahnstochern verschließen. 1 EL Öl erhitzen und die Schnitzel darin von jeder Seite 3 Min. braten. Mit Brühe ablöschen.

5. Den Brokkoli mit in die Brühe geben und zugedeckt 15 Min. dünsten. Die Röschen herausnehmen, mit 1 EL Nüsse bestreuen. Zu den Schnitzeln servieren. Dazu schmecken Kartoffeln.

Nährwerte pro Portion:

505 kcal • **56 g** Eiweiß • **23 g** Fett • **16 g** Kohlenhydrate • **11 g** Ballaststoffe

Würziges Schweineragout

FÜR 2 PERSONEN

200 g Mais (aus der Dose)
300 g Schweinenacken
1 EL Rapsöl
Jodsalz, Pfeffer, Cayennepfeffer
100 g Frühlingszwiebeln
1 kleiner Zucchino (100 g)
1 Apfel
1/2 TL mildes Currypulver
100 ml Apfelsaft
100 g Frischkäse (5 % Fett)

ZUBEREITUNG: ca. 25 Min.

1. Den Mais kalt abspülen und abtropfen lassen. Das Fleisch in Würfel schneiden. Das Öl erhitzen und das Fleisch darin rundum anbraten. Mit Salz, Pfeffer und Cayennepfeffer würzen.

2. Frühlingszwiebeln und Zucchino waschen und putzen. Die Frühlingszwiebeln in schmale Ringe, den Zucchino in dünne Scheiben schneiden. Den Apfel schälen, vierteln und das Kerngehäuse entfernen. Die Viertel in kleine Stücke schneiden.

3. Das Gemüse und die Apfelstücke unter das Fleisch rühren. Mit Currypulver bestäuben und zugedeckt bei schwacher Hitze 5 Min. schmoren lassen. Den Apfelsaft mit Frischkäse verquirlen. Unter das Ragout ziehen und noch 10 Min. schmoren lassen.

4. Den Mais in wenig Salzwasser kurz erhitzen. Zum Ragout servieren.

VARIANTE

Das Ragout schmeckt auch mit blättrig geschnittenen Champignons statt Äpfeln fein. Und wer es gern fruchtig mag, gart zusätzlich Ananasstückchen mit.

Nährwerte pro Portion:

465 kcal • 42 g Eiweiß • 18 g Fett • 32 g Kohlenhydrate • 5 g Ballaststoffe

Champignon-Spieße auf Risotto

FÜR 2 PERSONEN

1 kleine rote Paprikaschote
1 Zwiebel
2 EL Olivenöl
100 g Naturreis
2 EL Ajvar (Paprikapüree)
250 ml Gemüsebrühe
200 g kleine Champignons
8 Cocktailtomaten
200 g Schweineschnitzel
3 Zweige Salbei
Jodsalz, Pfeffer
4 Holzspieße

ZUBEREITUNG. ca. 45 Min.

1. Die Paprika waschen, halbieren, putzen und würfeln. Die Zwiebel abziehen und fein hacken.

2. 1 EL Öl erhitzen und die Paprika- und Zwiebelwürfel darin andünsten. Den Reis einstreuen und bei mittlerer Hitze 1 Min. mitdünsten. Ajvar einrühren und mit Brühe ablöschen. Reis zugedeckt bei schwacher Hitze 30 Min. quellen lassen.

3. Die Champignons trocken abreiben und putzen. Die Tomaten waschen. Das Fleisch in große Würfel schneiden. Den Salbei waschen, trockenschütteln und abzupfen.

4. Die Pilze, Tomaten, Fleischwürfel und Salbeiblätter abwechselnd auf die Spieße ziehen. 1 EL Öl in einer beschichteten Pfanne erhitzen und die Spieße darin bei mittlerer Hitze rundum ca. 8 Min. braten. Mit Salz und Pfeffer würzen und auf dem Paprikarisotto anrichten.

TIPP

Kürzen Sie die Spieße auf Pfannengröße, damit sie auf dem Pfannenboden aufliegen.

Nährwerte pro Portion:

470 kcal • 32 g Eiweiß • 19 g Fett • 45 g Kohlenhydrate • 7 g Ballaststoffe

Kalbfleisch mit Basilikumreis

FÜR 2 PERSONEN

1 Zwiebel
2 EL Olivenöl
250 ml Kalbsfond (aus dem Glas, ersatzweise Fleischbrühe)
50 g Risottoreis
1 Bund Basilikum
1 EL geriebener Parmesan
1 Paprikaschote
2 magere Kalbskoteletts (ca. 300 g)
Jodsalz, Pfeffer

ZUBEREITUNG: ca. 30 Min.

1. Die Zwiebel abziehen und hacken. 1 EL Öl erhitzen und die Zwiebel darin glasig dünsten. 150 ml Fond erhitzen. Den Reis unter die Zwiebeln rühren und kurz rösten. Nach und nach den heißen Fond zugießen. Den Reis zugedeckt 15 Min. bei schwacher Hitze quellen lassen.
2. Das Basilikum fein schneiden. Die Hälfte mit dem Parmesan unter den Reis heben. Weitere 5 Min. garen.
3. Die Paprika waschen, halbieren, putzen und in große Würfel schneiden.
4. Das Fleisch in große Würfel schneiden. 1 EL Öl erhitzen und die Fleischwürfel darin rundum 2 Min. anbraten. Die Paprikawürfel und das restliche Basilikum einrühren. 100 ml Fond angießen und alles zugedeckt bei schwacher Hitze 10 Min. köcheln lassen. Mit dem Risotto servieren.

VARIANTE

Statt Paprika können Sie auch stückige Tomaten (Fertigprodukt) zum Fleisch geben. Diese aber nur kurz erhitzen.

Nährwerte pro Portion:

475 kcal • **49 g** Eiweiß • **19 g** Fett • **26 g** Kohlenhydrate • **5 g** Ballaststoffe

Steak mit Trockenfrüchten

FÜR 2 PERSONEN

4 Kartoffeln
400 g Champignons
4 entsteinte Trockenpflaumen
4 Trockenaprikosen
300 ml roter Traubensaft
200 g Rinderfilet (ersatzweise Schweinefilet)
Pfeffer
1 EL Rapsöl
100 g Frischkäse (5 % Fett)
Jodsalz, Thymian
Alufolie

ZUBEREITUNG: ca. 30 Min.

1. Die Kartoffeln waschen und in Wasser zugedeckt ca. 25 Min. garen. Die Champignons trocken abreiben, putzen und in feine Scheiben schneiden. Die Pflaumen und Aprikosen grob zerkleinern. Im Traubensaft zugedeckt 10 Min kochen. Abgießen, dabei den Sud auffangen.
2. Das Fleisch mit Pfeffer würzen. Das Öl erhitzen und das Filet darin von jeder Seite ca. 3 Min. braten. Herausnehmen, salzen, in Alufolie wickeln und warm stellen.
3. Den Bratfond mit der Hälfte des Traubensuds ablöschen. Die Pilze und Trockenfrüchte einrühren. Kurz aufkochen. Den Frischkäse unterziehen und mit Salz, Pfeffer und Thymian würzen. Die Sauce bei schwacher Hitze etwas einkochen lassen.
4. Die Kartoffeln abgießen, ausdampfen lassen und pellen. Salzen. Mit den Früchten zum Fleisch servieren.

TIPP

Dieses Gericht schmeckt auch mit falschem Rinderfilet oder mit Schweinenacken fein.

Nährwerte pro Portion:

595 kcal • **47 g** Eiweiß • **12 g** Fett • **70 g** Kohlenhydrate • **14 g** Ballaststoffe

Wirsing mit Rindfleisch

FÜR 2 PERSONEN
200 g mageres Rindfleisch
2 Orangen
2 EL Sojasauce
500 g Wirsingblätter
1/2 Bund Frühlingszwiebeln
1 EL Rapsöl
1 EL frisch gehackter Ingwer
100 ml Gemüsebrühe
Pfeffer, mildes Currypulver

ZUBEREITUNG: ca. 25 Min.
MARINIERZEIT: ca. 30 Min.

1. Das Fleisch in mittelgroße Würfel schneiden. Die Orangen auspressen. Ca. 200 ml Saft mit der Sojasauce verrühren und über die Fleischwürfel gießen. Mindestens 30 Min. marinieren.
2. Den Wirsing waschen, abtropfen lassen und in feine Streifen schneiden. Die Frühlingszwiebeln waschen, putzen und mit dem Grün fein schneiden.
3. Das Fleisch aus der Marinade nehmen und abtropfen lassen. Das Öl in einer beschichteten Pfanne erhitzen und das Fleisch darin rundum anbraten. Den Wirsing, die Frühlingszwiebeln und den Ingwer einrühren und kurz dünsten. Mit Brühe und der Marinade ablöschen. Zugedeckt bei schwacher Hitze 10 Min. köcheln lassen. Mit Pfeffer und Currypulver würzen. Dazu schmecken gekochte Kartoffelwürfel.

SPRITZSCHUTZ

Lassen Sie die Fleischwürfel nach dem Marinieren sehr gut abtropfen. So spritzt das Fleisch beim Anbraten kaum.

Nährwerte pro Portion:

335 kcal • **40 g** Eiweiß • **10 g** Fett • **19 g** Kohlenhydrate • **8 g** Ballaststoffe

Gurkenpfanne mit Rindfleisch

FÜR 2 PERSONEN
1 kleine Salatgurke (300 g)
1 große Gemüsezwiebel (150 g)
200 g Rinderschulter
1 EL Olivenöl
50 g Frischkäse (5 % Fett)
50 ml Gemüsebrühe
1/2 Bund Dill
Jodsalz, Pfeffer
1 TL Zitronensaft

ZUBEREITUNG: ca. 30 Min.

1. Die Gurke schälen und in Scheiben schneiden. Die Zwiebel abziehen und in dicke Spalten teilen. Das Fleisch in feine Streifen schneiden.
2. Das Öl erhitzen und das Fleisch darin anbraten. Herausnehmen. Die Zwiebelspalten im Bratfond anbraten. Die Gurkenscheiben einrühren und bei schwacher Hitze 3 Min. dünsten. Das Fleisch wieder unterrühren.
3. Den Frischkäse mit Gemüsebrühe verquirlen. Zum Fleisch gießen und kurz aufkochen lassen. Den Dill waschen, trockenschütteln und fein hacken. Unterrühren. Die Gurkenpfanne mit Salz, Pfeffer und Zitronensaft würzen. Mit Reis servieren.

VARIANTE

Mit Auberginenwürfeln statt Fleisch wird die Pfanne zum vegetarischen Gericht. Dafür die Auberginen anbraten, die Gurken einrühren und dünsten. Statt Frischkäse und Gemüsebrühe 100 ml Tomatenpüree (Fertigprodukt) angießen und kurz einkochen lassen. Mit Salz und Pfeffer würzen.

Nährwerte pro Portion:

370 kcal • **38 g** Eiweiß • **16 g** Fett • **18 g** Kohlenhydrate • **2 g** Ballaststoffe

Kabeljau

mit Gemüsestiften

FÜR 2 PERSONEN

4 Kartoffeln
1 Knoblauchzehe
2 EL Olivenöl + 1 TL für die Alufolie
1 Zucchino (150 g)
1 kleine rote Paprikaschote (150 g)
2 Kabeljaufilets (à 150 g)
2 EL Zitronensaft
Jodsalz, Pfeffer
1/2 Bund Dill
Alufolie

ZUBEREITUNG: ca. 45 Min.

1. Den Backofen vorheizen. Die Kartoffeln waschen, schälen, halbieren und mit der Schnittfläche nach oben auf ein Backblech legen. Den Knoblauch abziehen, durchpressen und mit 1 EL Öl verrühren. Das Knoblauchöl auf die Kartoffeln pinseln. Die Kartoffeln im Backofen bei 200° (Mitte, Umluft 180°) 30 Min. garen.
2. Den Zucchino waschen und putzen. Die Paprika waschen, halbieren und putzen. Beides in Streifen schneiden. 1 EL Öl erhitzen und die Gemüsestreifen darin bei schwacher Hitze dünsten.
3. 2 Bögen Alufolie (30 x 30 cm) auf der glänzenden Seite mit Öl bestreichen. Den Fisch kalt abspülen, trockentupfen und auf die Folie legen. Mit Zitronensaft beträufeln, mit Salz und Pfeffer würzen. Das Gemüse darauf verteilen.
4. Die Folien sorgfältig verschließen. Die Päckchen mit den Kartoffeln im heißen Backofen bei 200° (Mitte, Umluft 180°) noch 20 Min. garen. Den Dill waschen und trockenschütteln. Harte Stängel entfernen und den Dill fein hacken. Die Päckchen öffnen. Den Fisch mit Dill bestreuen und mit den Kartoffeln servieren.

VARIANTE

Es geht auch ohne Backofen: Die Kartoffeln in kleine Würfel schneiden und mit den Zucchini- und Paprikawürfeln in wenig Gemüsebrühe erhitzen. Den Fisch auf die Gemüsewürfel legen und alles 15 Min. garen. So ziehen die Fischfilets schonend im Dampf gar.

TIPP

Garen in Alufolie ist schonend und spart Fett. Dabei sollte die matte Seite immer außen sein. Die glänzende Seite reflektiert mehr Hitze, und das verlängert die Garzeit – sehr zum Nachteil der hitzeempfindlichen Vitamine.

Nährwerte pro Portion:

400 kcal • **36 g** Eiweiß • **12 g** Fett • **34 g** Kohlenhydrate • **8 g** Ballaststoffe

Heringe aus dem Ofen

FÜR 2 PERSONEN (1 AUFLAUFFORM 1,5 l INHALT)

200 g Kartoffeln
1 Zwiebel
5 Gewürzgurken + 3 EL Sud (aus dem Glas)
100 ml Gemüsebrühe
100 g Frischkäse (5 % Fett)
1/2 Bund Dill
2 Zweige Thymian
Jodsalz, Pfeffer
2 große Heringsfilets
30 g Parmesan
2 EL Semmelbrösel
Fett für die Form

ZUBEREITUNG: ca. 20 Min.
BACKZEIT: ca. 40 Min.

1. Die Kartoffeln waschen, schälen und in sehr dünne Scheiben hobeln. Die Zwiebel abziehen und in Ringe schneiden. Die Gurken in Scheiben schneiden. Gurkensud, Brühe und Frischkäse verquirlen. Die Kartoffelscheiben, Zwiebelringe und Gurkenscheiben unterheben.

2. Den Dill und Thymian waschen, trockenschütteln und fein hacken. Unter die Kartoffelmischung rühren und mit Salz und Pfeffer würzen.

3. Den Backofen vorheizen. Die Form fetten. Die Hälfte der Kartoffelmischung in der Form verteilen. Den Fisch kalt abspülen, trockentupfen und salzen. Auf die Kartoffeln legen und mit der restlichen Kartoffelmischung bedecken. Den Parmesan reiben. Mit den Semmelbröseln mischen und über die Kartoffeln streuen. Den Auflauf im Backofen bei 180° (Mitte, Umluft 160°) ca. 40 Min. backen.

TIPP

Kartoffelmasse und Fisch in zwei kleine Auflaufformen schichten und ca. 25 Min. backen.

Nährwerte pro Portion:

400 kcal • **39 g** Eiweiß • **15 g** Fett • **25 g** Kohlenhydrate • **3 g** Ballaststoffe

Kabeljau-Topf mit Lauchgemüse

FÜR 2 PERSONEN (1 AUFLAUFFORM 1,5 l INHALT)

500 g Lauch
2 mehlig kochende Kartoffeln (200 g)
2 Äpfel
1 EL Apfelessig
300 g Kabeljaufilet
Jodsalz, Pfeffer
2 EL Zitronensaft
1 TL Kapern
1/2 Bund Dill
100 ml Apfelsaft
200 g Magerquark

ZUBEREITUNG: ca. 20 Min.
BACKZEIT: ca. 45 Min.

1. Den Backofen vorheizen. Den Lauch putzen, dabei das dunkle Grün entfernen. Die Stangen längs aufschneiden, waschen und in Ringe schneiden.

2. Die Kartoffeln waschen, schälen und in sehr dünne Scheiben hobeln. Die Äpfel schälen, vierteln und das Kerngehäuse entfernen. Die Viertel in Spalten schneiden. Mit Essig beträufeln.

3. Den Fisch kalt abspülen und trockentupfen. Mit Salz und Pfeffer würzen und mit Zitronensaft beträufeln. Lauch, Kartoffeln, Äpfel und Kapern in die Form geben, Fisch darauf legen.

4. Den Dill waschen, trockenschütteln und fein hacken. Mit Apfelsaft und Quark verrühren. Die Quarkcreme über den Fisch gießen. Den Auflauf im Backofen bei 180° (Mitte, Umluft 160°) ca. 45 Min. garen.

VARIANTE

Für eine mediterrane Note Tomaten-, Zucchini- und Auberginenscheiben statt Lauch, Kartoffeln und Äpfel verwenden. Dill und Apfelsaft gegen Basilikum und 50 ml Tomatensaft tauschen.

Nährwerte pro Portion:

420 kcal • **52 g** Eiweiß • **3 g** Fett • **43 g** Kohlenhydrate • **10 g** Ballaststoffe

Wirsing-Lachs-Röllchen

FÜR 2 PERSONEN
100 g Naturreis
400 ml Fischfond (aus dem Glas)
6 große Wirsingblätter
Jodsalz, Pfeffer
1/2 Bund Dill
300 g Lachsfilet
1 TL Zitronensaft
1 EL Meerrettich (aus dem Glas)
200 g Frischkäse (5 % Fett)
4 Zahnstocher zum Fixieren
ZUBEREITUNG: ca. 35 Min.

1. Den Reis in 300 ml kochenden Fischfond einstreuen und zugedeckt bei schwacher Hitze 30 Min. quellen lassen. Den Wirsing waschen und abtropfen lassen. In kochendem Salzwasser blanchieren. Abtropfen lassen. Dicke Blattrippen flach schneiden, die Blätter mit Salz und Pfeffer würzen.

2. Den Dill waschen, trockenschütteln und fein hacken. Den Fisch kalt abspülen, trockentupfen und mit Zitronensaft beträufeln. Mit Salz und Pfeffer würzen. Mit Dill, Meerrettich und Frischkäse im Mixer oder mit dem Zauberstab fein pürieren.

3. Je 3 Wirsingblätter überlappend nebeneinander legen. Je die Hälfte der Lachscreme darauf verteilen, aufrollen und mit Zahnstochern feststecken. Die Röllchen in 100 ml Fischfond bei schwacher Hitze 15 Min. garen. Mit dem Reis servieren.

Nährwerte pro Portion:
675 kcal • 50 g Eiweiß • 33 g Fett • 44 g Kohlenhydrate • 3 g Ballaststoffe

Chicorée-Seelachs-Pfanne

FÜR 2 PERSONEN
300 g Kartoffeln
Jodsalz
300 g Seelachsfilet
3 EL Zitronensaft
1 TL Rapsöl
Pfeffer
400 g Chicorée
150 ml Gemüsebrühe
1/2 Bund Dill
100 g Frischkäse (5 % Fett)
50 ml Ananassaft
ZUBEREITUNG: ca. 30 Min.

1. Die Kartoffeln waschen, schälen und in Würfel schneiden. In wenig kochendem Salzwasser zugedeckt bei schwacher Hitze ca. 15 Min. garen.

2. Den Fisch kalt abspülen, trockentupfen und mit Zitronensaft beträufeln. Das Öl in einer beschichteten Pfanne erhitzen und den Fisch darin bei mittlerer Hitze von jeder Seite 3 Min. braten. Mit Salz und Pfeffer würzen.

3. Den Chicorée putzen, in Blätter teilen und waschen. Die Blätter abtropfen lassen und in Streifen schneiden. In der Brühe zugedeckt bei schwacher Hitze ca. 5 Min. dünsten.

4. Den Dill waschen und trockenschütteln. Harte Stängel entfernen und den Dill hacken. Die Hälfte mit Frischkäse und Ananassaft verrühren. Die Frischkäsecreme unter den Chicorée ziehen. Das Gemüse mit Salz und Pfeffer würzen und auf zwei Tellern verteilen. Den Fisch darauf anrichten. Mit dem restlichen Dill bestreuen und mit den Salzkartoffeln servieren.

Nährwerte pro Portion:
365 kcal • 40 g Eiweiß • 7 g Fett • 34 g Kohlenhydrate • 6 g Ballaststoffe

Forellenfilets mit Äpfeln

FÜR 2 PERSONEN
4 kleine säuerliche Äpfel
2 EL Zitronensaft
100 ml Apfelessig
100 ml Apfelsaft
10 Kapern
100 g Magerquark
1 EL Meerrettich (aus dem Glas)
Jodsalz, Pfeffer
1/2 Bund Schnittlauch
4 Scheiben Toastbrot
300 g geräucherte Forellenfilets

ZUBEREITUNG: ca. 35 Min.

1. Die Äpfel waschen und das Kerngehäuse ausstechen. 2 Äpfel in Scheiben schneiden. Zitronensaft, Essig und 50 ml Apfelsaft verquirlen. Über die Apfelscheiben und Kapern gießen und kurz durchziehen lassen.
2. 2 Äpfel grob raspeln. Mit 50 ml Apfelsaft, Quark und Meerrettich verrühren. Mit Salz und Pfeffer würzen. Den Schnittlauch waschen, trockenschütteln und fein schneiden. Unter die Apfel-Meerrettich-Creme heben.
3. Die Toasts rösten und großzügig mit der Apfel-Meerrettich-Creme bestreichen. Zu den Forellenfilets und marinierten Äpfeln servieren.

Nährwerte pro Portion:

460 kcal • **43 g** Eiweiß • **8 g** Fett • **51 g** Kohlenhydrate • **5 g** Ballaststoffe

Lachsterrine mit Frischkäse

FÜR 4 PERSONEN
(1 AUFLAUFFORM 0,5 l INHALT)

2 Blatt weiße Gelatine
150 g Räucherlachs
100 g Magerquark
100 g Frischkäse (5 % Fett)
Jodsalz, weißer Pfeffer
1 EL Zitronensaft
1 TL abgeriebene Zitronenschale
1/2 Bund Dill
Frischhaltefolie

ZUBEREITUNG: ca. 20 Min.
KÜHLZEIT: ca. 5 Std.

1. Die Gelatine einweichen. Den Lachs mit Quark und Frischkäse im Mixer oder mit dem Zauberstab fein pürieren. Mit Salz, Pfeffer, Zitronensaft und -schale würzen. Den Dill waschen, trockenschütteln und fein hacken.

2. Die Gelatine tropfnass bei schwacher Hitze auflösen. Zunächst mit 3 EL der Lachscreme verrühren, dann unter die restliche Lachscreme ziehen.

3. Die Form mit Frischhaltefolie auslegen. Die Hälfte der Lachscreme einfüllen und mit dem Dill bestreuen. Die restliche Lachscreme darauf verstreichen. Abdecken und im Kühlschrank in ca. 5 Std. gelieren lassen.

4. Die Terrine stürzen und in Scheiben schneiden. Mit Champignon-Feldsalat (Seite 40) servieren.

VARIANTE

Für eine zweifarbige Terrine 75 g Räucherlachs bzw. 75 g geräucherte Forellenfilets mit je 50 g Quark und Frischkäse pürieren. Würzen und je die Hälfte der aufgelösten Gelatine unterziehen. Die Cremes wie beschrieben nacheinander in die Form füllen.

Nährwerte pro Portion:

155 kcal • 17 g Eiweiß • 9 g Fett • 2 g Kohlenhydrate • 0 g Ballaststoffe

Seelachsfrikadellen

FÜR 15 STÜCK

1 kleines Brötchen
200 ml Gemüsebrühe
200 g Seelachsfilet
1 kleine Zwiebel
1 EL Frischkäse (5 % Fett)
1 Ei
1 TL Senf
1 TL Sojasauce
Jodsalz, Pfeffer, Muskatnuss
Semmelbrösel
2 EL Rapsöl

ZUBEREITUNG: ca. 30 Min.
KÜHLZEIT: ca. 30 Min.

1. Das Brötchen in der Brühe einweichen. Den Fisch kalt abspülen, trockentupfen und in Würfel schneiden. Die Zwiebel abziehen und achteln. Das Brötchen gut ausdrücken. Mit den Fischwürfeln und Zwiebeln im Mixer oder mit dem Zauberstab cremig pürieren.

2. Die Fischmasse mit Frischkäse und Ei verrühren. Mit Senf, Sojasoße, Salz, Pfeffer und Muskatnuss würzen. 30 Min. kühl stellen.

3. Von der Fischmasse mit einem Löffel 15 Frikadellen abstechen und in den Semmelbröseln wenden.

4. Das Öl in einer beschichteten Pfanne erhitzen und die Frikadellen darin zugedeckt bei schwacher Hitze ca. 15 Min. braten. Dabei mehrmals wenden. Dazu schmeckt Feldsalat.

Nährwerte pro Stück:

35 kcal • 3 g Eiweiß • 2 g Fett • 2 g Kohlenhydrate • 0 g Ballaststoffe

Wirsing-Lachs-Röllchen

FÜR 2 PERSONEN
100 g Naturreis
400 ml Fischfond (aus dem Glas)
6 große Wirsingblätter
Jodsalz, Pfeffer
1/2 Bund Dill
300 g Lachsfilet
1 TL Zitronensaft
1 EL Meerrettich (aus dem Glas)
200 g Frischkäse (5 % Fett)
4 Zahnstocher zum Fixieren
ZUBEREITUNG: ca. 35 Min.

1. Den Reis in 300 ml kochenden Fischfond einstreuen und zugedeckt bei schwacher Hitze 30 Min. quellen lassen. Den Wirsing waschen und abtropfen lassen. In kochendem Salzwasser blanchieren. Abtropfen lassen. Dicke Blattrippen flach schneiden, die Blätter mit Salz und Pfeffer würzen.
2. Den Dill waschen, trockenschütteln und fein hacken. Den Fisch kalt abspülen, trockentupfen und mit Zitronensaft beträufeln. Mit Salz und Pfeffer würzen. Mit Dill, Meerrettich und Frischkäse im Mixer oder mit dem Zauberstab fein pürieren.
3. Je 3 Wirsingblätter überlappend nebeneinander legen. Je die Hälfte der Lachscreme darauf verteilen, aufrollen und mit Zahnstochern feststecken. Die Röllchen in 100 ml Fischfond bei schwacher Hitze 15 Min. garen. Mit dem Reis servieren.

Nährwerte pro Portion:
675 kcal • **50 g** Eiweiß • **33 g** Fett • **44 g** Kohlenhydrate • **3 g** Ballaststoffe

Chicorée-Seelachs-Pfanne

FÜR 2 PERSONEN
300 g Kartoffeln
Jodsalz
300 g Seelachsfilet
3 EL Zitronensaft
1 TL Rapsöl
Pfeffer
400 g Chicorée
150 ml Gemüsebrühe
1/2 Bund Dill
100 g Frischkäse (5 % Fett)
50 ml Ananassaft
ZUBEREITUNG: ca. 30 Min.

1. Die Kartoffeln waschen, schälen und in Würfel schneiden. In wenig kochendem Salzwasser zugedeckt bei schwacher Hitze ca. 15 Min. garen.
2. Den Fisch kalt abspülen, trockentupfen und mit Zitronensaft beträufeln. Das Öl in einer beschichteten Pfanne erhitzen und den Fisch darin bei mittlerer Hitze von jeder Seite 3 Min. braten. Mit Salz und Pfeffer würzen.
3. Den Chicorée putzen, in Blätter teilen und waschen. Die Blätter abtropfen lassen und in Streifen schneiden. In der Brühe zugedeckt bei schwacher Hitze ca. 5 Min. dünsten.
4. Den Dill waschen und trockenschütteln. Harte Stängel entfernen und den Dill hacken. Die Hälfte mit Frischkäse und Ananassaft verrühren. Die Frischkäsecreme unter den Chicorée ziehen. Das Gemüse mit Salz und Pfeffer würzen und auf zwei Tellern verteilen. Den Fisch darauf anrichten. Mit dem restlichen Dill bestreuen und mit den Salzkartoffeln servieren.

Nährwerte pro Portion:
365 kcal • **40 g** Eiweiß • **7 g** Fett • **34 g** Kohlenhydrate • **6 g** Ballaststoffe

Rotbarsch in Sesamkruste

FÜR 2 PERSONEN

1 kleine Sellerieknolle (300 g)
1 kleiner Apfel (100 g)
1 rote Peperoni
Jodsalz
400 g Rotbarschfilet
2 TL Zitronensaft
Pfeffer
2 EL Sesamsaat
1 EL Rapsöl
1 Kästchen Kresse

ZUBEREITUNG: ca. 25 Min.

1. Den Sellerie putzen und dünn schälen. Den Apfel schälen, vierteln und entkernen. Beides in Würfel schneiden. Die Peperoni aufschlitzen, entkernen und in sehr feine Ringe schneiden. Mit den Sellerie- und Apfelwürfeln in wenig Salzwasser bei schwacher Hitze 15 Min. garen.
2. Den Fisch kalt abspülen, trockentupfen und mit Zitronensaft beträufeln. Mit Salz und Pfeffer würzen und in Sesam wenden. Das Öl in einer beschichteten Pfanne erhitzen und den Fisch darin bei mittlerer Hitze von jeder Seite 3 Min. braten.
3. Die Kresse waschen und trockenschütteln. Die Blättchen abschneiden und fein hacken. Das Sellerie-Apfel-Gemüse abgießen und abtropfen lassen. Die Kresse unterziehen und das Gemüse zum Rotbarsch servieren.

FRISCHER FISCH?

Der Fingertest zeigt sofort, ob Fischfilet wirklich frisch ist: Drücken Sie mit einem Finger kurz auf das Filet. Bei frischem Filet verschwindet der Abdruck schon nach wenigen Sekunden wieder.

Nährwerte pro Portion:

410 kcal • **48 g** Eiweiß • **19 g** Fett • **11 g** Kohlenhydrate • **9 g** Ballaststoffe

Heringe im Tomatenbett

FÜR 4 PERSONEN

400 g stückige Tomaten (Fertigprodukt)
3 EL Apfelessig
1 EL Kapern
Jodsalz, Pfeffer
4 große grüne Heringe
2 EL Zitronensaft
2 Bund Frühlingszwiebeln
2 EL Olivenöl
Mehl
1/2 Bund Basilikum

ZUBEREITUNG: ca. 25 Min.

1. Die Tomaten mit Apfelessig, Kapern, Salz und Pfeffer bei schwacher Hitze 5 Min. einkochen lassen.
2. Die Heringe kalt abspülen, trockentupfen und mit Zitronensaft beträufeln. Die Frühlingszwiebeln waschen, putzen und in schmale Ringe schneiden.
3. Das Öl in einer beschichteten Pfanne erhitzen und die Frühlingszwiebeln darin glasig dünsten. Die Heringe salzen, in Mehl wenden und in der Pfanne goldbraun braten.
4. Das Basilikum fein schneiden. Die Tomatensauce auf vier Tellern verstreichen. Die Bratheringe darauf anrichten und mit Basilikum bestreuen.

TIPP

Heringe immer erst kurz vor dem Garen salzen. So entzieht das Salz ihnen kein Wasser, und sie werden nicht trocken.

Nährwerte pro Portion:

360 kcal • **44 g** Eiweiß • **17 g** Fett • **7 g** Kohlenhydrate • **2 g** Ballaststoffe

Lachsnudeln mit Fenchel

FÜR 2 PERSONEN

1 Fenchelknolle
1 Möhre
250 ml Fischfond (aus dem Glas)
1 Lorbeerblatt
150 g rote Vollkornnudeln (ersatzweise normale Vollkornnudeln)
Jodsalz
200 g Lachsfilet
1 EL Zitronensaft
Pfeffer
1 TL Olivenöl
1/2 Bund Dill
30 g Parmesan

ZUBEREITUNG: ca. 20 Min.

1. Den Fenchel waschen. Das Fenchelgün abschneiden und beiseite legen. Die Knolle dünn schälen und in feine Streifen schneiden. Die Möhre putzen, dünn schälen und in feine Scheiben schneiden. Den Fischfond mit Lorbeerblatt aufkochen. Das Gemüse darin zugedeckt bei schwacher Hitze 15 Min. garen.

2. Die Nudeln nach Packungsangabe in kochendem Salzwasser bissfest garen.

3. Den Fisch kalt abspülen und trockentupfen. Mit Zitronensaft beträufeln und mit Salz und Pfeffer würzen. Das Öl in einer beschichteten Pfanne erhitzen und den Lachs darin bei schwacher Hitze von jeder Seite anbraten. Abdecken und bei schwacher Hitze 10 Min. garen.

4. Den Dill waschen, trockenschütteln und harte Stängel entfernen. Den Dill fein hacken. Den Parmesan reiben. Die Nudeln abgießen und abtropfen lassen. Das Gemüse mit Salz und Pfeffer würzen und portionsweise anrichten. Den Lachs darauf legen und mit Dill bestreuen. Mit den Nudeln und dem Parmesan servieren.

Nährwerte pro Portion:

660 kcal • 41 g Eiweiß • 26 g Fett • 63 g Kohlenhydrate • 14 g Ballaststoffe

Seelachs mit Tagliatelle

FÜR 2 PERSONEN

150 g Tagliatelle
Jodsalz
1 rote Paprikaschote (150 g)
1 kleine Zwiebel (30 g)
1 EL Olivenöl
300 g Seelachsfilet
1 EL Zitronensaft
Pfeffer
1/2 Bund Basilikum
100 g Frischkäse (5 % Fett)
50 ml Fischfond (aus dem Glas)
4 EL Ajvar (Paprikapüree)

ZUBEREITUNG: ca. 15 Min.

1. Die Nudeln nach Packungsangabe in kochendem Salzwasser bissfest garen.

2. Die Paprika waschen, halbieren, putzen und in große Würfel schneiden. Die Zwiebel abziehen und fein hacken. Das Öl in einer beschichteten Pfanne erhitzen. Die Zwiebel- und Paprikawürfel darin bei schwacher Hitze 5 Min. dünsten.

3. Den Fisch kalt abspülen, trockentupfen und in Würfel schneiden. Mit Zitronensaft beträufeln und mit Salz und Pfeffer würzen. Die Würfel auf das Gemüse legen und 2 Min. dünsten.

4. Das Basilikum fein schneiden. Den Frischkäse mit Fischfond und Ajvar verquirlen. In die Fisch-Gemüse-Pfanne gießen und bei schwacher Hitze erwärmen, aber nicht kochen lassen.

5. Die Nudeln abgießen und abtropfen lassen. Kurz in der Pfanne schwenken. Mit Salz und Pfeffer würzen und mit Basilikum bestreuen.

Nährwerte pro Portion:

525 kcal • 44 g Eiweiß • 15 g Fett • 59 g Kohlenhydrate • 7 g Ballaststoffe

Thunfisch mit Gurkenreis

FÜR 2 PERSONEN
1 Zwiebel
1 Knoblauchzehe
1 EL Olivenöl
250 ml Gemüsebrühe
100 g Naturreis
200 g Schmorgurken (aus dem Glas)
300 g Thunfischfilet
1 EL Zitronensaft
Jodsalz, Pfeffer
1 Bund Dill

ZUBEREITUNG: ca. 35 Min.

1. Zwiebel und Knoblauch abziehen und hacken. 1 TL Öl erhitzen und beides darin glasig dünsten. Mit Brühe ablöschen. Den Reis einstreuen und zugedeckt bei schwacher Hitze 20 Min. quellen lassen.
2. Die Schmorgurken abgießen und abtropfen lassen. In kleine Stücke schneiden und unter den Reis heben. Den Reis noch weitere 10 Min. garen.
3. Den Fisch kalt abspülen und trockentupfen. Mit Zitronensaft beträufeln und mit Salz und Pfeffer würzen. 1 TL Öl in einer beschichteten Pfanne erhitzen und den Fisch darin bei mittlerer Hitze von jeder Seite 4 Min. braten.
4. Den Dill waschen und trockenschütteln. Harte Stängel entfernen und den Dill fein hacken. Den Thunfisch mit dem Gurkenreis anrichten und mit Dill bestreuen.

VARIANTE

Sie können den Fisch auch ganz ohne Fett zubereiten. Das Filet dafür in Würfel schneiden, auf den Reis legen und 30 Min. garen.

Nährwerte pro Portion:

640 kcal • **43 g** Eiweiß • **33 g** Fett • **42 g** Kohlenhydrate • **2 g** Ballaststoffe

Kabeljaufilet auf Weißkohl

FÜR 2 PERSONEN
1/4 Kopf Weißkohl
Jodsalz
2 Zucchini
2 EL Olivenöl
3 EL Zitronensaft
1 TL getrockneter Oregano
1 Knoblauchzehe
Pfeffer
300 g Kabeljaufilet
8 Zahnstocher zum Fixieren

ZUBEREITUNG: ca. 25 Min.
BACKZEIT: ca. 20 Min.

1. Den Weißkohl waschen und den Strunk entfernen. 8 große Blätter lösen, den Rest in feine Streifen schneiden. Die Kohlblätter und -streifen kurz in kochendem Salzwasser blanchieren. Abgießen und abtropfen lassen. Die Zucchini waschen, schälen und in kurze Stifte schneiden.
2. Das Öl mit 1 EL Zitronensaft und Oregano verquirlen. Den Knoblauch abziehen und dazupressen. Mit Salz und Pfeffer würzen. Die Marinade über das Gemüse träufeln, mischen. Den Backofen vorheizen.
3. Den Fisch kalt abspülen, trockentupfen und in 8 Stücke teilen. Die Stücke mit 2 EL Zitronensaft beträufeln. Die 8 Kohlblätter auf der Arbeitsfläche ausbreiten. Je 1 Fischstück darauf setzen und mit Salz und Pfeffer würzen. Das Gemüse darauf verteilen. Aufrollen und mit Zahnstochern feststecken.
4. Die Röllchen in eine Auflaufform legen. Mit der Marinade beträufeln und im Backofen bei 200° (Mitte, Umluft 180°) ca. 20 Min. garen. Dazu schmecken gebackene Kartoffeln.

Nährwerte pro Portion:

315 kcal • **36 g** Eiweiß • **13 g** Fett • **14 g** Kohlenhydrate • **8 g** Ballaststoffe

Kabeljau-Ratatouille

FÜR 2 PERSONEN
300 g Kabeljaufilet
1 unbehandelte Zitrone
1 kleine Aubergine (250 g)
1 Zucchino (150 g)
1 große rote Paprikaschote
1 Knoblauchzehe
1/2 Bund Basilikum
1 EL Olivenöl
1 TL Kräuter der Provence
Jodsalz, Pfeffer

ZUBEREITUNG: ca. 35 Min.

1. Den Fisch kalt abspülen, trockentupfen und in große Würfel schneiden. Die Zitrone heiß abwaschen. Die Schale dünn abreiben, die Frucht auspressen. Den Saft über den Fisch träufeln.
2. Aubergine und Zucchino waschen, putzen und in Würfel schneiden. Die Paprika waschen, halbieren, putzen und in Würfel schneiden. Den Knoblauch abziehen und hacken. Das Basilikum sehr fein hacken.
3. Das Öl in einer beschichteten Pfanne erhitzen und den Knoblauch darin glasig dünsten. Die Auberginen- und Paprikawürfel unter Rühren 5 Min. mitgaren. Die Zucchini- und Fischwürfel unterheben und bei mittlerer Hitze 10 Min. unter Rühren garen. Die Ratatouille mit Kräutern der Provence, Zitronenschale, Salz und Pfeffer würzen. Dazu passt Vollkornreis.

VARIANTE

Exotisch schmeckt die Ratatouille mit Mango statt mit Aubergine. Dafür 1 gewürfelte Mango 5 Min. vor Ende der Garzeit unter den Fisch heben. Mit mildem Currypulver und 1 EL frisch gehacktem Ingwer würzen.

Nährwerte pro Portion:

235 kcal • 34 g Eiweiß • 7 g Fett • 8 g Kohlenhydrate • 6 g Ballaststoffe

Penne mit Thunfisch

FÜR 2 PERSONEN
200 g Penne
Jodsalz
1 Knoblauchzehe
6 Cocktailtomaten
135 g Thunfisch naturell (aus der Dose)
1 EL Olivenöl
1 TL Kapern
2 EL Ajvar (Paprikapüree)
Pfeffer
30 g Parmesan
2 EL gehackte Petersilie (wer mag)

ZUBEREITUNG: ca. 15 Min.

1. Die Nudeln nach Packungsangabe in kochendem Salzwasser bissfest garen.
2. Den Knoblauch abziehen und fein hacken. Die Tomaten waschen und vierteln. Den Thunfisch abtropfen lassen und mit einer Gabel zerpflücken.
3. Das Öl erhitzen und den Knoblauch darin kurz dünsten. Die Tomaten, den Thunfisch und die Kapern einrühren. Bei schwacher Hitze 5 Min. unter Rühren garen. Ajvar unterziehen und mit Salz und Pfeffer würzen. Den Parmesan reiben.
4. Die Nudeln abgießen und abtropfen lassen, mit Parmesan und Petersilie – wer mag – bestreuen. Mit der Thunfischsauce servieren.

TIPP

Die Aufschrift »delphinfreundlich gefangen« auf Thunfischdosen sagt nichts aus, weil offizielle Kontrollen fehlen. Eine Liste kontrollierter Thunfisch-Marken finden Sie unter www.delphinschutz.org/dokus/thunfischliste.pdf

Nährwerte pro Portion:

550 kcal • 35 g Eiweiß • 14 g Fett • 72 g Kohlenhydrate • 6 g Ballaststoffe

Knuspriger Orangenquark

FÜR 2 PERSONEN

2 EL Mandeln
1 EL Walnusskerne
3 EL kernige Haferflocken
2 Päckchen Vanillezucker
2 große Orangen
150 g Magerquark

ZUBEREITUNG: ca. 15 Min.

1. Die Mandeln und Walnüsse hacken. Die Hälfte davon mit den Haferflocken in einer beschichteten Pfanne ohne Fett unter Rühren hellbraun rösten. Den Vanillezucker unterrühren und kurz karamellisieren lassen. Abkühlen lassen.
2. Die Orangen dick schälen, dabei die weiße Haut vollständig entfernen. Die Fruchtfilets zwischen den Trennhäutchen herauslösen. Dabei den austretenden Saft auffangen.
3. 4 Orangenfilets beiseite legen. Die restlichen Filets mit dem Orangensaft unter den Quark rühren.
4. Die Hälfte des Orangenquarks in zwei Dessertgläser verteilen. Mit den Knusperflocken bestreuen. Den restlichen Quark darauf schichten. Mit je 2 Orangenfilets garnieren und mit den restlichen Nüssen bestreuen.

DAZU VANILLESAUCE

Der Orangenquark schmeckt mit einer Vanillesauce besonders lecker. Dafür 100 ml Milch aufkochen. 50 ml kalte Milch mit 1 TL Speisestärke und 2 Päckchen Vanillezucker verquirlen. In die kochende Milch gießen und unter Rühren kurz aufkochen lassen. Abkühlen lassen. Wer bei dieser Vanillesauce ohne Ei die gelbe Farbe vermisst, zieht noch 1 TL Aprikosengelee unter die heiße Sauce.

Nährwerte pro Portion:

385 kcal • **18 g** Eiweiß • **11 g** Fett • **50 g** Kohlenhydrate • **6 g** Ballaststoffe

Ananas-Bettelmann

FÜR 2 PERSONEN (1 AUFLAUFFORM, 1 l INHALT)

1/2 Ananas
1 EL Rosinen
1 EL Walnusskerne
150 g Vollkornbrot
1 EL Rapsöl
1 EL Zucker
Zimt
1 TL Zitronensaft

ZUBEREITUNG: ca. 30 Min.
BACKZEIT: ca. 20 Min.

1. Den Backofen vorheizen. Die Ananas halbieren, schälen und den Strunk entfernen. Das Fruchtfleisch klein schneiden. Mit den Rosinen mischen.
2. Die Walnüsse fein hacken. Das Brot fein reiben oder im Blitzhacker fein zerkleinern. Das Öl erhitzen und die Nüsse mit dem Brot darin goldbraun rösten. Die Nussbrösel mit Zucker, Zimt und Zitronensaft mischen.
3. Die Hälfte der Bröselmasse in der Auflaufform verteilen. Die Ananasstücke darüber streuen und mit der restlichen Bröselmasse bedecken. Im Backofen bei 180° (Mitte, Umluft 160°) ca. 20 Min. backen.

TIPP

Besonders lecker schmeckt der Ananas-Bettelmann mit Vanillesauce (s. Seite 108).

Nährwerte pro Portion:

330 kcal • 6 g Eiweiß • 9 g Fett • 54 g Kohlenhydrate • 9 g Ballaststoffe

Feigen mit Orangencreme

FÜR 2 PERSONEN

3 Orangen
60 g Puderzucker
2 EL Zitronensaft
2 TL Honig
1/4 Zimtstange
2 reife Feigen
100 g Magerquark

ZUBEREITUNG: ca. 20 Min.

1. 1 Orange dick schälen, dabei die weiße Haut vollständig entfernen. Die Frucht in 6 Scheiben schneiden. Die restlichen Orangen auspressen.
2. Den Puderzucker bei mittlerer Hitze unter Rühren leicht karamellisieren lassen. Den Orangensaft, 1 EL Zitronensaft, 1 TL Honig und die Zimtstange einrühren. Bei schwacher Hitze 5 Min. einkochen lassen.
3. Die Feigen waschen, trockentupfen und längs halbieren. Das Fruchtfleisch aus den Schalen lösen und auf zwei Desserttellern anrichten.
4. Die Zimtstange entfernen. Die Orangensauce mit 1 EL Zitronensaft und 1 TL Honig abschmecken. Abkühlen lassen. Die Sauce mit dem Quark verrühren und um die Feigen träufeln. Mit je 3 Orangenscheiben garnieren.

TIPP

Damit eine Orange möglichst viel Saft abgibt, rollen Sie sie vor dem Auspressen mit der flachen Hand und viel Druck über die Arbeitsfläche.

Nährwerte pro Portion:

285 kcal • 9 g Eiweiß • 7 g Fett • 57 g Kohlenhydrate • 4 g Ballaststoffe

Aprikosenpudding aus Trockenfrüchten

FÜR 2 PERSONEN

50 g Trockenaprikosen
2 EL Zucker
1/4 TL Zimt
4 Gewürznelken
1 EL Speisestärke
200 ml Apfelsaft
1 TL Zitronensaft

ZUBEREITUNG: ca. 15 Min.
QUELLZEIT: ca. 2 Std.
KÜHLZEIT: ca. 4 Std.

1. Die Aprikosen in kleine Stücke schneiden. Mit 200 ml Wasser übergießen und ca. 2 Std. quellen lassen.
2. Die Aprikosen mit dem Einweichwasser aufkochen. Zucker, Zimt und Nelken unterziehen. Die Speisestärke mit 3 EL Apfelsaft verquirlen. Mit dem restlichen Apfelsaft unter die Aprikosen rühren. Aufkochen und offen bei schwacher Hitze 10 Min. kochen lassen.
3. Die Nelken entfernen. Den Zitronensaft einrühren und den Pudding in zwei Schälchen füllen. Im Kühlschrank in ca. 4 Std. gelieren lassen.

Nährwerte pro Portion:

230 kcal • **3 g** Eiweiß • **1 g** Fett • **50 g** Kohlenhydrate • **6 g** Ballaststoffe

Apfel-Graupen-Grütze

FÜR 2 PERSONEN

150 ml Apfelsaft
50 g Gerstengraupen
2 Kiwis
2 Äpfel (300 g)
2 EL Apfeldicksaft
150 g Magermilchjoghurt (0,1 % Fett)

ZUBEREITUNG: ca. 35 Min.

1. Den Apfelsaft erhitzen. Die Graupen einrühren, aufkochen und zugedeckt bei geringer Hitze 20 Min. quellen lassen.
2. Die Kiwis schälen, halbieren und in Scheiben schneiden. Die Äpfel waschen, vierteln und entkernen. Die Viertel in schmale Spalten schneiden.
3. Die Graupen mit den Kiwischeiben, Apfelspalten und Apfeldicksaft mischen. Den Joghurt unterziehen und sofort servieren.

TIPP

Wenn Sie die Grütze nicht sofort servieren, lassen Sie die Kiwis besser weg. Ihre Enzyme erzeugen nach einer gewissen Zeit Bitterstoffe.

Nährwerte pro Portion:

290 kcal • **7 g** Eiweiß • **2 g** Fett • **60 g** Kohlenhydrate • **6 g** Ballaststoffe

Schnelles Beerensoufflé

FÜR 2 PERSONEN (2 SOUFFLÉFÖRMCHEN 12 cm Ø)

50 g Beeren (frisch oder tiefgekühlt)
80 g Zucker
3 Eiweiße
1 EL Mandelstifte
Fett für die Form

ZUBEREITUNG: ca. 15 Min.
BACKZEIT: ca. 10 Min.

1. Den Backofen vorheizen. Die Form fetten. Frische Beeren behutsam waschen, gut abtropfen lassen und entkelchen oder von den Stielen zupfen. Tiefgekühlte Früchte in wenig Wasser bei geringer Hitze auftauen. In einem Sieb abtropfen lassen. Die Beeren mit Zucker im Mixer oder mit dem Zauberstab pürieren.
2. Die Eiweiße sehr steif schlagen und vorsichtig unter das Beerenpüree heben. Den Beerenschaum in die Förmchen füllen und mit Mandelstiften bestreuen. Im Backofen bei 120° (Mitte, Umluft 100°) ca. 10 Min. backen.

TIPP

Je nach Art und Reifegrad der Beeren müssen Sie mehr oder weniger Zucker ins Soufflé geben. Wer Kalorien sparen will, kann Süßstoffe verwenden. Der Süßstoff Aspartam eignet sich jedoch nicht zum Backen.

Nährwerte pro Portion:

215 kcal • 5 g Eiweiß • 3 g Fett • 42 g Kohlenhydrate • 1 g Ballaststoffe

Mangoreis

FÜR 2 PERSONEN

2 EL Pistazien
150 ml Apfelsaft
50 g Milchreis
1 Mango (400 g)
2 EL Rosinen
50 g Magerquark

ZUBEREITUNG: ca. 35 Min.

1. Die Pistazien hacken und in einer beschichteten Pfanne ohne Fett 2 Min. rösten. Den Apfelsaft aufkochen. Den Reis einstreuen und zugedeckt 20 Min. bei schwacher Hitze quellen lassen.
2. Die Mango schälen. Das Fruchtfleisch vom Kern lösen und in kleine Würfel schneiden. Mit den Rosinen unter den Reis heben. Den Reis noch 10 Min. weitergaren. Abkühlen lassen.
3. Den Quark unter den Reis rühren. Den Mangoreis mit den gerösteten Pistazien bestreuen.

VARIANTE

Ersetzen Sie die Mango durch 100 g klein geschnittene Trockenfrüchte (Mango, Papaya oder Ananas). Den Reis mit den Fruchtstückchen in 150 ml Milch 30 Min. quellen lassen.

Nährwerte pro Portion:

330 kcal • 8 g Eiweiß • 7 g Fett • 57 g Kohlenhydrate • 4 g Ballaststoffe

Süße Polenta mit Früchten

FÜR 2 PERSONEN

400 ml Ananassaft
100 g Maisgrieß
1 Banane
1 EL Honig
1 EL Rosinen
1/2 TL Zimt
1 Kiwi

ZUBEREITUNG: ca. 15 Min.

1. Den Ananassaft aufkochen. Vom Herd nehmen und den Maisgrieß zügig unterrühren. Nochmals kurz aufkochen und abkühlen lassen.
2. Die Banane schälen und mit einer Gabel zerdrücken. Mit Honig, Rosinen und Zimt unter den Maisbrei heben. Die Kiwi schälen und in Scheiben schneiden. Die Polenta portionsweise anrichten und mit den Kiwischeiben garnieren.

TIPP

Verwenden Sie am besten nur reinen Ananassaft, also keinen Nektar oder gar ein stark verdünntes Fruchtsaftgetränk.

Nährwerte pro Portion:

350 kcal • **8 g** Eiweiß • **1 g** Fett • **74 g** Kohlenhydrate • **8 g** Ballaststoffe

Müsliriegel

FÜR 20 STÜCK

50 g Kürbiskerne
75 g Sonnenblumenkerne
2 EL Rapsöl
150 g Haferfleks mit Kleie
100 g Haferflocken
100 g Trockenaprikosen
1 Ei
100 g Zucker
5 EL fettarme Milch (1,5 % Fett)
1 TL Zimt
Backpapier fürs Blech

ZUBEREITUNG: ca. 20 Min.
BACKZEIT: ca. 30 Min.

1. Die Kürbiskerne und Sonnenblumenkerne grob hacken.
2. Das Öl in einer beschichteten Pfanne erhitzen. Die Kerne, Haferfleks und Haferflocken darin bei schwacher Hitze 5 Min. unter Rühren rösten. Abkühlen lassen.
3. Den Backofen vorheizen. Ein Blech mit Backpapier belegen. Die Aprikosen fein hacken. Mit Ei, Zucker, Milch und Zimt unter die Flockenmasse rühren.
4. Die Riegelmasse aufs Blech streichen und glatt drücken. Im Backofen bei 170° (Mitte, Umluft 150°) ca. 30 Min. trocknen. Sofort in 20 schmale Riegel schneiden und abkühlen lassen.

Nährwerte pro Stück:

130 kcal • **5 g** Eiweiß • **7 g** Fett • **16 g** Kohlenhydrate • **2 g** Ballaststoffe

Kernige Obsttorte

FÜR 12 STÜCK (1 SPRINGFORM, 20 cm Ø)

50 g Margarine
4 EL Zucker
75 g kernige Haferflocken
75 g Vollkornmehl
1 TL Backpulver
2 Eiweiße
3 Päckchen Vanillezucker
1 Pfirsich
3 Kiwis
1 Banane
1 Päckchen klarer Tortenguss
250 ml Apfelsaft
Backpapier und Fett für die Form

ZUBEREITUNG: ca. 30 Min.
BACKZEIT: ca. 20 Min.

1. Den Backofen vorheizen. Den Boden der Backform mit Backpapier belegen, den Rand leicht fetten. Die Margarine mit Zucker schaumig schlagen. Haferflocken, Mehl und Backpulver mischen und unter die Zuckermasse rühren. Die Eiweiße mit Vanillezucker steif schlagen und vorsichtig unter den Teig heben.
2. Den Teig in die Form füllen und im Backofen bei 175° (Mitte, Umluft 160°) ca. 20 Min. backen. Leicht abgekühlt aus der Form lösen und auf ein Kuchengitter stürzen. Das Backpapier abziehen. Abkühlen lassen.
3. Den Pfirsich häuten und in Spalten schneiden. Die Kiwis und die Banane schälen und in Scheiben schneiden. Die Früchte auf dem Tortenboden verteilen.
4. Aus Tortenguss und Apfelsaft nach Packungsangabe einen Tortenguss kochen. Etwas abkühlen lassen. Gleichmäßig auf der Obsttorte verteilen.

VARIANTE

Außerhalb der Pfirsichsaison schmeckt die Torte auch mit Orangenfilets. Dafür 2 große Orangen dick schälen. Dabei die weiße Haut sorgfältig mit entfernen. Die Fruchtfilets links und rechts der Segmenthäutchen mit einem scharfen, kleinen Messer heraustrennen.

TIPP

Wenn Sie die Früchte nicht frisch bekommen, greifen Sie zu Tiefkühlware oder zur Not auch zu Konserven. Solches Obst muss immer gut abtropfen, bevor es auf den Obstboden gelegt wird. Sie können den Boden zusätzlich mit Sahnesteif bestreuen. Das verhindert, dass zu viel Obstsaft in den Teig dringt und ihn aufweicht.

Nährwerte pro Stück:

120 kcal • **3 g** Eiweiß • **4 g** Fett • **18 g** Kohlenhydrate • **2 g** Ballaststoffe

Beerentorte

FÜR 12 STÜCK (1 SPRINGFORM, 26 cm Ø)

2 Eier
200 g Mehl
100 ml Rapsöl
150 g Zucker
500 g frische süße Beeren
1 EL Zitronensaft
Frischhaltefolie
Fett für die Form

ZUBEREITUNG: ca. 25 Min.
KÜHLZEIT: ca. 30 Min.
BACKZEIT: ca. 40 Min.

1. Die Eier trennen. Die Eigelbe mit Mehl, Öl und 75 g Zucker rasch zu einem glatten Teig verkneten. Den Teig in Frischhaltefolie wickeln und 30 Min. kühl stellen.

2. Den Backofen vorheizen. Die Backform fetten. Den Teig auf bemehlter Arbeitsfläche ausrollen und in die Form legen. Dabei einen kleinen Rand formen. Die Beeren behutsam waschen, trockentupfen und putzen. Größere Beeren halbieren.

3. Die Eiweiße steif schlagen. Dabei 75 g Zucker einrieseln lassen und den Zitronensaft unterziehen. Weiterschlagen, bis die Masse glänzt. Die Beeren unter den Eischnee heben. Den Eischnee auf dem Teig verteilen.

4. Die Torte im Backofen bei 200° (Mitte, Umluft 180°) ca. 40 Min. backen. Leicht abgekühlt aus der Form lösen und auf einem Kuchengitter auskühlen lassen.

Nährwerte pro Stück:

200 kcal • **3 g** Eiweiß • **9 g** Fett • **28 g** Kohlenhydrate • **2 g** Ballaststoffe

Birnenkuchen

FÜR 12 STÜCK (1 SPRINGFORM, 26 cm Ø)

2 Eier
180 g Zucker
100 ml fettarme Milch
1/2 TL Zimt
200 g Vollkornmehl
1 Päckchen Backpulver
1 Päckchen Vanillezucker
600 g Birnen
50 g Walnusskerne
Backpapier und Fett für die Form

ZUBEREITUNG: ca. 25 Min.
BACKZEIT: ca. 1 Std.

1. Den Backofen vorheizen. Den Boden der Backform mit Backpapier belegen, den Rand leicht fetten. Die Eier trennen.

2. Die Eigelbe mit Zucker, Milch und Zimt sehr schaumig schlagen. Mehl und Backpulver mischen und unterrühren. Die Eiweiße mit Vanillezucker steif schlagen. Den Eischnee behutsam unter den Teig heben. Den Teig in die Form füllen.

3. Die Birnen schälen, vierteln und das Kerngehäuse entfernen. Die Viertel in schmale Spalten schneiden. Die Walnüsse hacken. Die Birnen und Walnüsse auf dem Teig verteilen.

4. Den Kuchen im Backofen bei 180° (Mitte, Umluft 160°) ca. 1 Std. backen. Leicht abgekühlt aus der Form lösen und auf einem Kuchengitter vollständig auskühlen lassen.

Nährwerte pro Stück:

195 kcal • **5 g** Eiweiß • **4 g** Fett • **34 g** Kohlenhydrate • **3 g** Ballaststoffe

Erdbeertorte

aus dem Kühlschrank

FÜR 12 STÜCK
(1 SPRINGFORM, 26 cm Ø)

80 g Margarine
70 g Zucker
1 Ei
80 g Speisestärke
50 g Mehl
1/2 Päckchen Backpulver
6 Blatt weiße Gelatine
600 g Erdbeeren
250 ml fettarme Milch
200 g Frischkäse (5 % Fett)
1 Päckchen Vanillezucker
Fett für die Form

ZUBEREITUNG: ca. 30 Min.
BACKZEIT: ca. 20 Min.
KÜHLZEIT: ca. 4 Std.

1. Den Backofen vorheizen. Die Backform fetten. Die Margarine mit 50 g Zucker schaumig schlagen. Das Ei unterrühren. 50 g Speisestärke, Mehl und Backpulver mischen und unterrühren. Den Teig in die Form füllen und im Backofen bei 200° (Mitte, Umluft 180°) ca. 20 Min. backen. Leicht abgekühlt aus der Form lösen und auf einem Kuchengitter auskühlen lassen.
2. Die Gelatine einweichen. Die Erdbeeren waschen, trockentupfen und entstielen. 200 g Beeren im Mixer oder mit dem Zauberstab fein pürieren. 30 g Speisestärke mit 3 EL Milch verquirlen. Die restliche Milch aufkochen und die Stärkemilch unterziehen. Das Erdbeerpüree, den Frischkäse, Vanillezucker und 20 g Zucker einrühren.
3. Die Gelatine ausdrücken und in etwas Wasser bei schwacher Hitze auflösen. Zunächst mit 3 EL Erdbeercreme verrühren, dann in die restliche Erdbeercreme einrühren. Die Erdbeercreme gleichmäßig auf dem Tortenboden verstreichen. Die Torte ca. 4 Std. kühl stellen.
4. 400 g Erdbeeren halbieren und auf der Torte verteilen.

TIPP

Außerhalb der Erdbeersaison können Sie auch tiefgekühlte Beeren verwenden – allerdings nur für die Creme. Als Belag eignen sich die weichen Tiefkühlbeeren nicht. Verteilen Sie stattdessen 100 g halbierte kernlose Weintrauben und 1 in dünne Scheiben geschnittene Banane auf der Erdbeercreme. Die Bananenscheiben zuvor kurz in Zitronensaft tauchen. So werden sie nicht braun.

Nährwerte pro Stück:

170 kcal • **4 g** Eiweiß • **8 g** Fett • **19 g** Kohlenhydrate • **1 g** Ballaststoffe

Gut zu wissen

Bücher, Adressen und Links, die weiterhelfen

BUCHTIPPS

Bohlmann, Friedrich, Hamm, Prof. Dr. M.: Die Ideal Diät – Das Kochbuch, GRÄFE UND UNZER VERLAG, München

Bös, Prof. Dr. Klaus: Walking, GRÄFE UND UNZER VERLAG, München

Bromm, Dr. Silke: Low Fat Kompass, GRÄFE UND UNZER VERLAG, München

Carewicz, Otmar und Daniel B.: Nie wieder rauchen, GRÄFE UND UNZER VERLAG, München

Casparek-Türkkan, Erika: Römertopf Low Fat, GRÄFE UND UNZER VERLAG, München

Das große GU Koch und Backbuch Cholesterinspiegel senken, GRÄFE UND UNZER VERLAG, München

Das große GU Low Fat Buch, GRÄFE UND UNZER VERLAG, München

Döpp, Elisabeth u. a.: Wok Low Fat, GRÄFE UND UNZER VERLAG, München

Elmadfa, Prof. Dr. Ibrahim u. a.: Die große GU Nährwert Kalorien Tabelle (auch mit CD), GRÄFE UND UNZER VERLAG, München

Grasberger, Dr. Delia: Autogenes Training (mit CD), GRÄFE UND UNZER VERLAG, München

Hainbuch, Dr. Friedrich: Muskelentspannung nach Jacobsen (mit CD), GRÄFE UND UNZER VERLAG, München

Hamm, Prof. Dr. Michael, Bohlmann, F.: Die Ideal Diät, GRÄFE UND UNZER VERLAG, München

Hofele, Karin: Richtig einkaufen bei erhöhtem Cholesterin, Trias, Stuttgart

Koletzko, Prof. Dr. Berthold u. a.: Hast Du auch hohes Cholesterin? Ein Ernährungsratgeber für Kinder und Eltern, Steinkopff-Verlag, Darmstadt

Kuhn, Dörte: Rund & fit, GRÄFE UND UNZER VERLAG, München

Pospisil, Edita: Cholesterin Kompass, GRÄFE UND UNZER VERLAG, München

Schmidt, Mathias R.: Nordic Walking, GRÄFE UND UNZER VERLAG, München

Trökes, Anna: Yoga (mit CD), GRÄFE UND UNZER VERLAG, München

Weber, Anne-Katrin: Backen Low Fat, GRÄFE UND UNZER VERLAG, München

VERBÄNDE

Deutsche Herzstiftung
Vogtstraße 50
60322 Frankfurt am Main,
Tel.: 069-955128
www.herzstiftung.de

Deutsche Arbeitsgemeinschaft für kardiologische Prävention und Rehabilitation
Herbert-Hellmann-Allee 11
79189 Bad Krozingen
Tel.: 07633-140 67

Bundeszentrale für gesundheitliche Aufklärung
Ostmerheimer Str. 220
51109 Köln
Tel.: 0221-89920
www.bzga.de

Deutsche Gesellschaft zur Bekämpfung von Fettstoffwechselstörungen und ihren Folgeerkrankungen DGFF
Lipid-Liga e.V.
Waldklausenweg 20
81377 München
Tel.: 089-7191001
www.lipid-liga.de

Deutsche Gesellschaft für Ernährung e. V.
Godesberger Allee 18
53175 Bonn
Tel.: 0228-3776600
www.dge.de

Schweizerische Gesellschaft für Ernährung
Effingerstr. 2
Postfach 8333
CH-3001 Bern
Tel.: +41-(0)31-3850000
e-mail: info@sge-ssn.ch
www.sge-ssn.ch

Schweizerische Gesellschaft für Kardiologie
Schwarztorstrasse 18
CH-3007 Bern
Tel.: +41-(0)31-388 80 90
www.swisscardio.com

Österreichische Gesellschaft für Ernährung
Zaunergasse 1-3
A-1030 Wien
Tel.: +43-(0)1-7147193
e-mail: info@oege.at
www.oege.at

WEITERE INFORMATIONEN

www.m-ww.de/gesund_leben/ernaehrung/cholesterin.html

www.aid.de/ernaehrung/cholesterin.cfm

www.cardiologe.de/patient/risiko/ernaehrungsumstellung.html

Rezeptregister von A bis Z

Impressum

Programmleitung: Doris Birk
Leitende Redakteurin: Birgit Rademacker
Redaktion: Anne Taeschner
Lektorat: Petra Teetz
Korrektorat: Mischa Gallé
Umschlaggestaltung: Independent Medien Design
Fotografie: Studio L'EVEQUE, München
Produktion: Petra Roth
Satz: Johannes Kojer, München
Reproduktion: Penta Repro, München
Druck und Bindung: Printer, Trento
Bildnachweis:
Titelbild, S.4/5,22, 23: Jörn Rynio, Hamburg; alle anderen Studio L'EVEQUE, München

Syndication:
www.jalag-syndication.de

ISBN 978-3-7742-6651-3

6. Auflage 2011

Studio L'EVEQUE
Food Fotografie
Harry Bischof und Tanja Major (Food & Styling) arbeiten schon lange intensiv für Werbung, Bücher und Zeitschriften im Foodbereich. In ihrem Studio assistieren Krisztina Babics und Hannelore Bellini. In der Innenstadt Münchens kreiert das 4-köpfige Team Foodaufnahmen mit erfrischendem Licht und appetitanregendem, trendigem Styling.
Titelbild: Gemüse-Puten-Päckchen, S.78

Die Anregungen in diesem Buch stellen die Meinung beziehungsweise die Erfahrungen des Autors dar und wurden von ihm nach bestem Wissen und Gewissen erstellt. Sie bieten jedoch keinen Ersatz für kompetenten medizinischen Rat. Jede Leserin, jeder Leser sollte für das eigene Tun auch weiterhin selbst verantwortlich sein. Weder der Autor noch der Verlag können für eventuelle Nachteile oder Schäden, die aus den im Buch gegebenen praktischen Hinweisen resultieren, eine Haftung übernehmen.

Geschützte Warennamen (Warenzeichen) sind nicht immer gekennzeichnet. Aus der fehlenden Angabe kann nicht geschlossen werden, dass es sich um freie Warennamen handelt.

DAS ORIGINAL · GU · MIT GARANTIE

Unsere Garantie

Alle Informationen in diesem Ratgeber sind sorgfältig und gewissenhaft geprüft. Sollte dennoch einmal ein Fehler enthalten sein, schicken Sie uns das Buch mit dem entsprechenden Hinweis an unseren Leserservice zurück. Wir tauschen Ihnen den GU-Ratgeber gegen einen anderen zum gleichen oder ähnlichen Thema um.

Liebe Leserin und lieber Leser,

wir freuen uns, dass Sie sich für ein GU-Buch entschieden haben. Mit Ihrem Kauf setzen Sie auf die Qualität, Kompetenz und Aktualität unserer Ratgeber. Dafür sagen wir Danke! Wir wollen als führender Ratgeberverlag noch besser werden. Daher ist uns Ihre Meinung wichtig. Bitte senden Sie uns Ihre Anregungen, Ihre Kritik oder Ihr Lob zu unseren Büchern. Haben Sie Fragen oder benötigen Sie weiteren Rat zum Thema? Wir freuen uns auf Ihre Nachricht!

Wir sind für Sie da!
Montag – Donnerstag: 8.00 – 18.00 Uhr;
Freitag: 8.00 – 16.00 Uhr
Tel.: 0180 - 5 00 50 54*
Fax: 0180 - 5 01 20 54*
E-Mail:
leserservice@graefe-und-unzer.de

*(0,14 €/Min. aus dem dt. Festnetz/ Mobilfunkpreise maximal 0,42 €/Min.)

P.S.: Wollen Sie noch mehr Aktuelles von GU wissen, dann abonnieren Sie doch unseren kostenlosen GU-Online-Newsletter und/oder unsere kostenlosen Kundenmagazine.

GRÄFE UND UNZER VERLAG
Leserservice
Postfach 86 03 13
81630 München

GRÄFE UND UNZER

Ein Unternehmen der
GANSKE VERLAGSGRUPPE